這樣教出史上最會玩的榜首

平凡家庭的不平凡教養秘訣

高馨汝、許捷◎著

推薦序

教孩子「自己想」是給孩子最棒的禮物！

親子作家・彭菊仙（Chu-Chu 媽咪）

我願意推薦這本書並不是因爲書中的主角成爲榜首，畢竟榜首的光環只是一時的，只能證明一個孩子是考試制度中的最適生存者，但卻不能保證一輩子的成功與幸福！

我推薦的原因是榜首的媽媽高馨汝擁有一般父母在教養上所缺乏的洞察力、反省力，以及堅定的執行力。

每個父母都有對孩子的表現感到徬徨無助的時刻，但在混亂中往往只爆發當下的激動訓斥，卻少了同理諒解、無法深入思考，更遑論立下有效的對策。許媽媽則一以貫之的問自己：「我到底想要教出怎樣的孩子？」這個問題不斷爲她勾勒清楚的藍圖，而自然能衍生一套套行動方案，「把目標放遠一點，眼前的路也變得更清楚。」以此堅定的往前邁進，就能以平常心看待孩子的起起伏伏。

比如，當許捷在抉擇該讀公立或是私立中學時，高馨汝腦海浮現的，並不是兒子能交出一張張絢爛的成績單，而是一輩子都懂得自我管理與自我學習的踏實生命！因此他寧可讓孩子選擇公立國中，養成自我規劃、自我鞭策的習慣，否則兒子即使在私校老師的緊迫盯人之下保證送入好高中，一樣得不到一輩子能帶走的自主能力。

高馨汝在教養上也有挫敗的經驗，爲了訓練許捷獨立，曾在小三時送他參加夜宿夏令營，結果許捷不斷掛病號，提前結束了營隊活動，高馨汝既不高聲斥責，也不逼他硬撐到底，而是在下一次報名時改變策略，爲孩子做更多的資料蒐集、心理建設、邀請熟人同行，隨時給予支援協助。因爲清楚目標在於培養孩子獨立的能力，所以必定貫徹執行，不放棄努力，「兒子幾次之後就非常ＯＫ，否則我還是會一而再、再而三的嘗試，直到他可以做到爲止。」

不僅高馨汝在每一個教養層面都站在制高點，客觀看孩子、清楚想問題，許捷認爲媽媽給他最寶貴的東西，就是懂得「自己想」——自己想清楚學習的根本不在於表面的提高分數，而是擁有正確的學習態度；自己想清楚未來要過的人生樣貌，所以能發自內心的自我要求；自己想清楚時間如何運用，所以即使上網玩電動，都能自我節制；自己想清楚成功的法則不只在分數，因此懂得在團隊合作、人際溝通、整合資源……各層面都儲備能力。

簡單而言，高馨汝給許捷的最大利器在於自律，而自律的根源則在於眞的通透事理。年幼的孩子如何思考人生問題？高馨汝不斷強調，在孩子每個年齡層，使用他們聽得懂的語言，選擇他們能理解的部分，在日常閒談之間，利用周遭的例子、活生生的新聞事件，不斷地機會教育，以傳遞關於求學與做人的重要價值觀念，讓是非曲直及早並持續地植入孩子的內心。高馨汝說：「聽多了，就變成他的！」

的確，許捷成爲榜首的眞正意涵不在於母親給他的分數要求，而在於實踐了母親深植於他內心深處的正確學習態度，以及自我管理能力。

推薦序

這樣的「成功」才是為人父母真正想要的！

九年級導師・秀蘭老師

許捷的難得，不止是因爲他的聰明表現和開朗活潑，還有那份體貼媽媽的孝心。讓我印象非常深刻的是，每次媒體報導時，他都不斷強調謝謝媽媽，因爲他知道媽媽是付出全部的心力、財力在照顧他、栽培他。

說實話，這年頭，少子化的趨勢越來越明顯，不論能力好壞、財力多寡、哪個爸爸媽媽不是付出全心全力在照顧培養孩子？但有幾個孩子能夠眞正體會父母的用心付出，並且牢記在心不曾忘記呢？身爲教育工作者的我，對於這點眞的是深有所感。

當多數人仍然只看重孩子的成績、成就的時候，在許捷母子的身上，卻看到另一種難得，孩子的心能夠和媽媽如此貼近。除了是單親家庭的緣故，相信一定還有其他的原因，透過這本書，我們可以得到很多的啓發。我也相信，這樣的「成功」才是爲人父母眞正想要的！

前言

兒子的人生大餅——我很清楚自己想教養出什麼樣的孩子

有一回我看到補習班發問卷，題目居然是：「你贊成體罰嗎？」兒子大筆一勾，「贊成！」理由：「打是最快見到成效的方法！」把我嚇一大跳。下一題：「如果你以後有小孩，會體罰小孩嗎？」幸好他的答案是「不會！」理由：「因爲我媽媽從來不會體罰我！但她把我教得很好。」

好險！差點就以爲自己教出一個暴力小孩了呢！我也很意外，原來在兒子心目中，我這個做媽媽的，不但及格，分數還很高呢！當下很安慰。

做一個媽媽該做的事而已

因爲兒子意外考上榜首的關係，外界給我冠上「成功教育小孩的母親」這樣的美名，事實上，關於教養，自己是如何做的？老實說，我從來沒有仔細思考過這個問題。

所以當出版社找上門邀書時，不但意外，也覺得自己不夠資格，因爲比起其他專家和擅長分享教養心得的作者，自己在專業、涵養、文采等各方面都只能仰望。而且我壓根兒沒想過要教出一個榜首的小孩，只是一路走來，做我該做的事，做一個媽媽該做的事而已。

經過不斷地溝通，原本怯於分享的念頭有了轉變。我想，透過自己和兒子相處的點滴，以及教養過程的分享，或許可以給更多爸爸媽媽信心也說不定。畢竟平凡如我，學歷普通加上單親，經濟方面也困頓過、被現實壓得喘不過氣……講起來，這些都不算是很好的條件。但只要肯用心，願意花時間培養孩子正確的學習態度，想清楚自己希望教出什麼樣的孩子，不一定要花大錢，也能教出一個很棒的孩子。

這裡的「很棒」，指的不是考第一名或榜首，也不是念名校、賺大錢。而是孩子能夠擁有掌握自己人生的能力，親子之間也能擁有良好的互動關係。今天，即使許捷不是榜首，我還是以他爲榮，因爲在我心目中，他就是一個很棒的孩子！

孩子的成長需要等待

另外，透過許捷的學習之路，我也希望和爸爸媽媽們分享一個心得，那就是：**孩子的成長需要等待**。

嚴格講起來，雖然兒子功課不差，若要說成績方面特別優秀，好像也沒有耶！國小畢業時領市長獎的也不是他！國中也一樣，不要說第一名了，最好的紀錄也只有全校排名第九而已；高中也沒考上第一志願建中。頂多是在各方面均衡發展，運動和各項競賽都勇於參加、盡力表現。這樣的孩子，誰想過大學會考上榜首？

長久以來，總是聽到身邊的親友對我說，如果念小學你就盯得很緊，可能許捷有機會領市長獎，或是許捷可能因此考上建中等的話……然而又如何呢？我不知道這樣的他，後來會不會意外地抱回榜首？但我可以確定的是，他絕不會像現在這麼快樂，而且他的學校生活，大概除了讀書之外，就是一片空白了！

這不是我希望的！回想自己的人生，一直活到了三十歲，才知道自己到底要做什麼，可是已經「來不及了」，很多條件和情況都不允許我做自己眞正想要做的事，過想要過的生活了。所以，我始終提醒自己**不要教出一個讀書機器**，念書眞的不需要念得這麼累、這麼辛苦！**小孩累成那樣，家長也輕鬆不起來**！

我希望兒子懂得怎麼讀書、也懂得玩。所以常會藉著聊天跟他講：「最好在三十歲之前，你就能清楚了解自己要的是什麼？清楚自己要做的事、要走的路。」也常講：「人生不要白過！讀書不是一切，重要的是享受那個過程。基本的學習要顧好，其他都OK，只要能達到某個水平，我就接受。但是不能顚倒，只追求快樂，但該顧的學業都沒顧好就不行！」

俗話說「準備多，事就少。」前面的步驟要清楚做好，後面就輕鬆！很多朋友以爲我放手讓許捷到處玩，其實課業方面，從小到現在，我並沒有少督促兒子，只是方法不同，可能時間點拿捏的不錯，更容易見效罷了！而且，我雖然不打不罵，但要求兒子達到標準水平的態度始終嚴格如一。

水平的維持就是態度的維持。只要態度對了，其他就不會有大問題！所以兒子國小過得很快樂、國中依舊很快樂、高中還是過得很快樂！

教他、陪他、確認他、觀察他、信任他，然後放手

從自己開補習班到兒子考上大學這年也已經九年時間，除了許捷，我也看過不少其他孩子，當然也接觸了很多無數家長。許多父母都懂得孩子要教、要陪、要等，道理其實很簡單、原則也很簡單，但要堅持很難、要一直有自信也很難。我，自然也不例外。

如何做到堅持？如何保持自信？我的答案是，不忘初衷。回想當年教兒子學習走路的情景，一開始小心翼翼地牽著他的手，鼓勵他勇敢踏出第一步，輕聲細語地告訴他慢慢來，陪著他練習、隨時幫忙注意周遭環境，幫他排除障礙和危險。等到觀察孩子腳步越來越穩、走得越來越好時，就會思考應該在何時放手？

這樣的畫面常在我腦中重播，因爲教養孩子學習任何事情不都是這樣嗎？用同樣的耐心和包容陪伴在孩子旁邊！不管是課業、才藝還是生活品格，我都一直是這麼做，就是這麼簡單的原則，讓我不但享受到了教養孩子的樂趣和喜悅，也在孩子身上看到不錯的成果。

這本書，其實只是分享做爲一個平凡母親的心情，當很多訊息讓人感到徬徨，或是對眼前的教育體制充滿無力感時，我就問問自己：「想要教出怎麼樣的孩子？」當親子關係出現挫折、達不到預期的目標時，我就回想當年牽著小手，陪著兒子學走路的畫面和心情，提醒自己不要忘記，教他、陪他、確認他、觀察他、信任他，然後放手！

目次 CONTENTS

第2章 求學路上的選擇題

第3章 孩子，將來你想過什麼樣的人生？

第4章

玩樂力不設限，控制力才是關鍵

第一章

獨樹一格的懶媽教養法

我常說自己是懶媽，但懶惰要有好方法！輕鬆帶孩子的關鍵，就是先要建立「權威感」！但「權威感」並非等於兇或嚴格，而是有一把標準永遠相同的尺，媽媽的話，永遠是不會打折的。

01 心中永遠都有一把尺

他忘了，我就把原則講一遍；他賴皮，我再講一遍。總之，不行就是不行！闖關失敗幾次後，孩子就知道爸爸媽媽是講眞的，以後就不會再隨便挑戰家規了。

考上榜首後，很多朋友來跟我恭喜，包括兒子小學三年級的導師，也專程來找我，還很激動地說：「許捷有今天，百分之九十八是你的功勞！」我開玩笑回老師：「哎喲！這個只有你們知道喔！」不過兒子確實受教，這點我很感恩！

專注賺到效率、也賺到玩樂遊戲的時間

許捷資質算不差，但我認爲他最大的優點是專注，不管是學習還是玩樂都一樣。這要歸功於從小開始的學習態度，什麼事情，我都會要求他一定要做完了才能如何如

何，特別是功課一定要寫完才能玩，而且不僅僅是完成而已，還得達到我的標準才行。怎樣的標準才算數？我是在他剛上小學，第一次寫作業時就講得很清楚，先是從頭帶著他做一次，像是作業如何書寫、擦拭、要求簿本平整乾淨，字跡工整、東西如何擺放、收拾等，這些都是我要求的標準。他想有更多的玩耍遊戲時間，唯一的竅門就是快點把該做的完成，無形中也就養成寫作業或準備功課時非常專注的態度。

這點讓他讀書的效率很好，別人可能要K一整個晚上，他老兄三兩個鐘頭就搞定，因此「賺」到不少玩樂的時間。

有些小孩寫功課很會牽拖，一下子要喝水、一下子又要尿尿，兒子剛念小學時也會這樣出招，我的對策是，坐下來寫功課前，問他：「要不要喝水？要不要尿尿？要的話現在就趕快去！等會兒開始坐下來寫功課後，統統不准去，尿褲子也不准，規定寫完，就是要全部寫完才能離開。」

聽起來很狠，但我是仔細評估過，**小學的課業若專心寫，差不多半個鐘頭到一個鐘頭就可以完成，這段時間禁止小孩去喝水或尿尿**，根本不會有什麼大問題。當然啦！萬一生病或有特殊狀況時，自是另當別論。

我真的說到做到，甚至有時候功課寫一半，他想起什麼事或看到其他小孩怎麼樣，就跑過來找我講話，我劈頭一定問他：「你功課寫完了嗎？沒有的話，沒有資格管別人的事！我也不會跟你討論功課之外的其他問題。」

學會「面對現實」

剛開始因為年紀小，偶爾還會跟我「盧」，我就會告訴他：「就像媽媽上班要工作，工作沒做完，老闆不會給我薪水、也不會讓我下班，所以媽媽一定要努力盡快做完，才能回來陪你啊！才會有薪水可以領，有了錢才能帶你買玩具、出去玩……不然我們會餓死。所以你要把自己的功課做完，做完才能玩，因為寫功課是小孩的工作。」**用孩子能夠理解的語言，教育他學習負責任的態度**。

從小就讓兒子學會「面對現實」，所以他知道只要功課沒做完，什麼都免談，都沒得商量，他就會乖乖認分的趕緊寫功課。小孩子難免耍賴，大人其實不需要動氣，只要堅守原則就行。他忘了，我就把原則講一遍；他賴皮，我再講一遍。總之，不行就是不行！闖關失敗幾次後，孩子就知道爸爸媽媽是講眞的，以後就不會再隨便挑戰家規了。

用同樣的一把尺，要求兒子，也要求自己

同樣的一把尺，我也拿來要求自己做好身教的示範，記得許捷還沒念幼稚園的時候，每次看到新聞裡面政治人物脫軌的言行，我就會激動地開罵！有一天我推著娃娃

車帶兒子上街，沿途有許多競選旗幟及候選人照片，突然兒子指著其中一張大叫：「壞人！」把我嚇一大跳，不自覺的馬上轉頭張望四周，深怕被人聽見。定下心後，我驚覺是自己平日做了不良示範，趕緊想辦法彌補過錯！當場蹲下來跟兒子解釋：「這個人不是壞人啦！是因爲……所以媽媽太生氣才會這樣講，但是這樣講人家壞話不好，以後媽媽會改……」不管兒子聽不聽得懂，當下我覺得自己有必要這麼做！之後看電視新聞時，我也開始提醒自己注意，不可隨便開口批評！

還有一陣子，講話直白的我常把「白癡」掛嘴邊，結果發現兒子也開始有樣學樣，開口閉口「白癡」。這還得了，嚇得我馬上改掉這個口頭禪。先要求自己，才有立場跟孩子說：「這個是不好的話，你不可以說，媽媽以後也不會再說了，打勾勾！如果媽媽不小心忘記，你要提醒我喔！」

在我和兒子的相處裡面，一直都很清楚的讓他知道，媽媽也是人，媽媽也會犯錯！媽媽如果犯錯了，你要告訴我，我可以改！同樣的，我也是這樣要求他。這樣很合理吧？

02 爸媽離婚，關不關孩子的事？

處理婚變的過程，大人要面對很多的負面情緒，但我沒有忘記，自己還有一個兒子要照顧，所以我盡量把情緒做切割，就是希望對孩子的傷害降到最低。

婚姻出問題時，在最難熬的日子裡，每當情緒無法承擔，需要發洩的時候，我就把兒子託給身邊親友代爲照顧，因爲不想孩子看到我傷心難過的樣子，盡量不在兒子面前表現情緒。但周遭親友關切的電話不斷打來，輪番調解，希望這段婚姻能夠繼續走下去！有時候講到委屈激動處，我還是會忍不住難過落淚！

有天，掛上電話，旁邊才念小一的許捷突然對我說：「我討厭姑姑、伊媽（福州話的奶奶）打電話來，每次她們打來，你就會哭！」

我聽了心一揪，知道兒子因爲我難過了，自己一定得做些改變才行。

於是，我把兒子拉到懷裡，很愼重地告訴他：「好！那媽媽以後不哭了，好不好？」說到做到，從那次之後，再也沒有在兒子前爲這事落淚。我想自己做得還不錯，因爲當時我還持續接案子，從開始出狀況，到最後簽字離婚，整整兩年時間，所有客戶幾乎都不知道我家裡發生這等大事，只有往來密切的幾位知情。事後見面，看到我整個人瘦了一圈，我開玩笑說：「婚變是瘦身最有效的方法！」這些客戶朋友才清楚我的際遇，大家都直呼不可置信，我居然能表現得如此平靜自若。

講起來，這得歸功於兒子，爲了他，我知道自己必須保持平靜。

凡事在前面多想一步

處理婚變的過程，大人要處理很多的負面情緒，但我沒有忘記，自己還有一個兒子要照顧，所以我盡量切割情緒，就是希望可以把對孩子的傷害降到最低。

比方說，**擔心兒子遭受異樣眼光，我會沙盤推演**，試想別人可能會問他哪些問題，他應該如何回答才能保護自己不受傷。

我**教孩子一個折衷的講法，可以避免引人好奇追問**，說越多，孩子其實越尷尬難受。雖然當時許捷才小學一年級，但我就像準備模擬考試題一樣，把他可能碰到各種關於父母離婚的尷尬問題，統統教給他一個說法。教會他萬一遇到時該如何應對，這樣就不會難受。

我想這是做爲一個單親的爸爸或媽媽，應該要爲孩子做的。不是絕口不提或是自己沉浸在傷痛中，而是要同時顧及孩子的心理，爲他們做好保護措施。

單親也可以快樂！

我們家從不避諱聊「離婚」，甚至偶爾我還會主動跟他提起這個話題，想要了解兒子的想法。比方說，聽到鄰居夫妻吵架、大打出手，小孩常被嚇得奪門而出，臉上掛著驚恐表情在街上徘徊不敢回家，讓人看了不捨，也心疼小小心靈不知受了多少創傷？我會藉機問他：「兒子！你覺得夫妻感情如果不好了，是選擇離婚好？還是像這樣不離婚，但是常大吵大鬧比較好？」

兒子的回答是：「離婚好！」

很多人隱忍失敗婚姻的理由都說：「我全爲了孩子在忍耐，完整的家庭對孩子很重要！」但我的想法是：「大人嘴上說是爲小孩好，事實上卻一再傷害小孩，小孩別無選擇，很可憐！」試想，被趕出家門，要承受多少鄰居的異樣眼光？如果不能給孩子一個快樂的家庭，就談不上給孩子一個健全的家庭，因爲健全家庭的前提就是要氣氛快樂！

高中時，兒子雖然鎮日忙K書、瘋社團，但每逢週末假期，還是會抽空陪老媽吃頓晚餐。我們總是慢慢走、慢慢聊，記得有一次用完餐，回家的路上他突然冒出一句：「如果我是你，就不會生小孩了！」或許是因爲從小看到媽媽爲養育他付出的辛苦和代價，他很清楚我放棄了什麼樣的工作和生活，才會脫口這麼說。

我能理解他的心思，但也順道來個機會教育：「所以你最好三十歲前，就能清楚自己要什麼，想做什麼，越早越好，千萬別像媽媽三十幾歲才知道自己要什麼，就有些來不及了！因爲做了就要負責，就像生下你，我就要負責當個好媽媽，做一件事前要想清楚，做了就要負起該負的責任，懂嗎？」

這些話題在我們家都不是禁忌，有時候母子聊著聊著就會說到關於單親、關於工作或是財務的狀況。除了盡量不讓小孩感受到經濟方面的壓力之外，我認爲很多事情都可以坦然跟孩子溝通，大人常以爲小孩只要管好讀書的事，其他都不需要知道，這個觀念並不完全正確，小孩的想法很單純，只要單純的感受到父母的用心或辛勞，就能讓他們更懂得體貼和孝順。甚至孩子單純的想法，總是能把事情簡單化，很多時候反而角色互換，顛倒過來幫助了我呢！好幾次因爲兒子的一、兩句話，讓我在煩惱很久的事情之間瞬間頓悟！原來是大人的我，把事情考慮太多，想得太複雜了。

單親是不得已的選擇，但單親不等於弱勢，單親也可以過得很快樂！這是我一直傳達給兒子的觀念！所以同學來家裡，偶爾會聽到我拉大嗓門叫他：「許小捷，你爸找你，趕快過來接電話！」幾個熟知內情的麻吉都感到有點驚訝，交頭接耳的看著兒子和他老爸有說有笑。這時候我在旁邊就會小聲說：「離婚是我跟他爸爸的事，他還是他爸爸啊！幹嘛那麼大驚小怪？」

兒子掛完電話也逗趣地加一句：「對啊！他是我爸啊！」

03

愛孩子和管教孩子並不衝突

我也是來自單親家庭，印象中，我沒有看過爸爸，家裡兄弟姊妹很多，只有我與弟弟是跟在母親身旁。母親一個人撐起養家的重擔，壓力和辛苦不是常人能夠體會。童年記憶裡的母親非常兇，是那種會打人的兇喔！而且因爲單親的緣故，有時候明明錯不在我們，爲了怕鄰居講話，被人看不起，還會氣得邊打邊哭：「你這孩子不長進！才會被人看沒有（被人看不起）！」

但說也奇怪，即使常挨打，我仍能強烈地感受到媽媽愛孩子，因爲無論她工作再忙，每天回家，她還是會花點時間跟我們姊弟倆閒聊，問問學校今天發生什麼事？當我分享學校裡的狀況或新鮮事時，她就會趁機告訴我，要注意什麼事情、不要如何如何……什麼狀況下可以怎麼做。

或許正因爲這樣，我很清楚地知道，兇並不代表媽媽不愛我。所以當我懷孕要升格當媽媽時，也在心裡暗暗期許自己：「將來我一定要做個讓孩子強烈感受到愛的媽媽！」如今想來，應該是母親給我的信念。

不只如此，三歲就失去父母的母親，是隔代教養的孩子，由裹小腳的阿祖（曾祖母）帶大。在那個沒什麼故事書可以看的年代，母親常講自己兒時的故事給我聽，精采程度不輸連續劇。印象中，她雖然沒有受過什麼正規的教育，但仍是個聰明且膽識過人的女性，在那個婦女只能待在家裡的守舊社會，她為了做生意，不但敢拋頭露面，而且還自己坐車到臺灣銀行換外匯，樣樣難不倒她。

沒人教，不識字的她會嗎？她不會！但她說：「不會就用嘴巴問啊！」「路在哪兒？在自己的嘴巴！」這些話是她老人家常常掛在嘴邊的。

沒錯！不知道路，就應該勇敢開口問啊！就是這樣的態度，深深影響我。

令我留下深刻印象的事情還很多。當時社會上「跟會」存錢很普遍，被倒會的事情也時有所聞。我媽媽也被人倒過會，但她從來沒有去跟會頭要錢，當時我們自己家裡的狀況並不好，我不懂為什麼，忍不住開口問她。

想不到她的回答是：「人家沒跑路，她也是被人家害的，如果她有錢，她就會還我們，她沒還就代表她現在沒錢啊！又何必去跟她討呢？」不只這樣，她還說：「我們有能力被倒，是我們的福氣！你要知道倒我們錢的人，一輩子都要躲我們，抬不起頭來！其實想想，她才是可憐人。」

對我來說，這就是人格養成的教育！很多待人接物、爲人處事的道理，都是透過這樣的閒聊進入我的腦袋裡面，成爲日後我的人生價值觀。

不過，母親對我的影響，不只是正面的示範，讓我用來拷貝學習。同時，也是一種反思。我在思考母親教育我的過程中，進一步想著失敗的地方是爲什麼？我敢去想，然後盡量杜絕，避免再重蹈覆轍！這些在後面的篇章裡面，會再慢慢跟大家分享！

想起來，日後不管我管教兒子的方式有多嚴格，甚至兒子也認爲我這個媽媽很兇，但他知道那只是對事不對人，兒子能感受得到我對他的愛，應該也是得自母親的遺傳吧！我常覺得很多父母深怕孩子覺得爸媽不愛他們，所以講話不敢大聲、有錯誤不敢管教……其實是大錯特錯！**愛孩子和管教孩子，兩者之間絕不違背衝突！**

長者的溫暖

可惜母親身體不好，回憶我坐月子的期間，她甚至是早上到醫院吊點滴，下午再撐著不適的身體，趕過來幫我弄吃的。許捷兩歲多的時候，她就過世了，留下的印象不深，不然相信外婆可以給孫子更多長者的溫暖。

有件事倒是讓我印象深刻，從小外婆教許捷台語他都不開口，但外婆教他日文歌謠，他馬上就學會。我媽就會樂得說：「你這孫厲害喔！不像你阿母這麼憨慢！教都教不會。」哈哈！確實是如此，小時候，我媽也常教我唱日本歌，我都學不來，沒想到孫子一教就會，她老人家當然開心得意！這樣看來，兒子確實是比我這個媽媽有語文天分呢！只可惜當時兒子小，對於那段快樂的時光，可能只有模糊記憶吧！

04 懶媽媽的好方法

想當懶媽？講起來眞的是再簡單不過，但很多父母都是失敗在狠不下心，孩子只要使出哭、鬧、撒嬌……爸爸媽媽就心軟投降。

我常說自己是個懶媽媽，但想懶惰也要有好方法！

我這個人很容易跟人交朋友，因爲個性雞婆又熱情，也很容易對人交心。兒子上幼稚園時，當時我還在外商上班，卻透過園方舉辦的各種活動，幸運地遇到多位志同道合的家長，相處之後對方也能感受到我的眞誠。久而久之就混熟了，直到現在，大夥感情都還好得很呢！

記得許捷升中班時，我就不再請保母，厚著臉皮開口拜託兒子同學的溫柔媽媽代爲照顧。每天四點多幼稚園放學，她就先把孩子們統統接回家玩、張羅點心、晚餐，等我下班後，再趕去她家聚聚聊聊，然後才回自個兒的溫暖窩！

逛街時，若看到小女生會喜歡的玩意兒、衣服，我一定買回來送她家女兒，絕不吝嗇，因爲她把我兒子照顧得視如己出；相對地，我也將她的女兒當作自己的女兒。偶爾帶著一群小孩出門玩，我也不會只顧自家兒子，絕對是一視同仁，全都顧到。

不要剝奪孩子學習的機會

因爲兩家的孩子常玩在一塊的緣故，我開始注意到好友和孩子的互動，這位媽媽老是跟在後頭幫小孩收玩具、幫忙善後。

經常聽她喊著：「玩具收一收，來吃水果喔！」或是「玩具收一收，喝牛奶喔！」許捷馬上就自己動手劈里啪啦收拾好，離開玩具間吃點心。而她的女兒卻還繼續玩著，直到媽媽忙完手上的事，轉身去替孩子收拾玩具，這時候，小女生才甘願離開玩具間走向餐桌。反觀我這個「懶媽媽」，幾乎不太管兒子，讓他「自立自強」，然後自己一派優閒地在旁邊享受餐點。看著好友幫小孩弄東弄西，忙得自己都沒時間好好吃一頓飯，我總會忍不住說：「你幹嘛幫她收啊？」她總是回答：「等她收？唉！不如我收比較快。」

久了，換她忍不住好奇：「爲什麼妳只需要出嘴巴？」

我逮到機會勸她：「不要幫小孩做這麼多啦！教她怎麼收拾，然後就讓她們自己弄啊！」但是講歸講，她還是很習慣的當一個你丟我撿的「勤勞媽媽」。一直到後來，孩子升小學後，我們有一陣子沒見面，再碰頭時發現她居然一改作風，放手讓女兒打點自己的事。這個改變讓我很意外！忍不住問她原因：「你怎麼想通啦？」她笑笑說：「因爲妳的一句話啊！『這樣是剝奪了她們學習的機會！』這句話讓我驚醒，原來我以爲我做這麼多是爲了小孩好，沒想到其實是害了她們！」

不過，要想做到只動嘴巴的輕鬆媽媽，也不是一蹴可幾的，剛開始孩子一定會賴皮，這時候大人就要狠得下心，跟孩子耗到底！還有就是增加誘因。不收玩具？那就耗在那兒！爸爸媽媽只要堅持：沒收完不准吃點心、沒收完不准出門玩……最後，小孩就會懂得，不收玩具只是浪費自己的時間，對自己沒好處。趕快收完，就有點心可以吃、就可以玩其他遊戲。

講起來眞的是再簡單不過的方法，但**很多父母都是失敗在，狠不下心跟孩子耗**，因爲孩子只要使出哭、鬧、撒嬌……爸爸媽媽就心軟投降。小時候會賴皮，等到大一點，賴皮的本事就會延伸到課業上面，孩子功課不寫，大人比他還急。換做我，「不寫是嗎？那好！你慢慢弄，我要去吃飯了！看你什麼時候寫完，再過來吃飯！」

剛上小學時，有幾位媽媽就是吃足苦頭，兒女功課寫不完，還是帶她參加家庭聚會，等晚上回家再趕得死去活來，大人急得跳腳，小孩被逼得一把眼淚一把鼻涕！我總是建議她們：「一次就好！事前先警告她功課沒寫完，得留在家裡繼續寫，而我們會按既定行程出去玩，當天如果孩子眞的沒寫玩，那就得堅持不讓孩子跟！不止這樣，晚上回家後，別忘了還要特別炫耀一下今天有多好玩，只要狠心做到一次，孩子肯定學乖！」使出這招「殺手鐧」的前提是，家裡要有人看著，或是託給親友照料，叮囑孩子作業未完成之前，什麼事都不可以做，以此做爲處罰和提醒。

追求零錯誤的作業簿是家長的迷思

盯作業的時候，我也是「懶媽媽」！前陣子爲了出書整理時，發現許捷小學的作業和作文簡直是錯字連篇，心想現在的他自己看了可能都想挖地洞！難道當時我陪他做功課時沒有幫他檢查錯字嗎？

NO～NO～NO～這可不是我的責任！

很多家長幫小孩盯功課，常常要求改到零錯誤的標準，這樣老師大筆一勾後，小孩怎麼會知道自己哪裡不會、不懂，哪些地方需要加強呢？我希望養成孩子對自己負責任的態度，下筆要小心，錯了就是紅字、就會扣分。

雖然零錯誤的作業可能會獲得比較高的平時分數，但我還是不太能認同，因爲這樣的分數不但沒有意義，而且偶爾疏忽漏看了，孩子被老師扣分回家後，還可能「理直氣壯」地怪爸媽：「你昨天晚上怎麼沒發現？害我被老師扣分！」有些家長聽了這話，可能一把火，心想怎麼變成是我害你被扣分呢？當場開罵一頓，但罵完後還是照樣幫孩子檢查，力求交出去的作業零錯誤。最誇張的是，被孩子抱怨檢查不夠細心時，父母還反過來賠不是，忙著跟小孩道歉：「對不起喔！是我的錯！下次媽媽會看清楚一點……」

這不是反了嗎？寫作業怎麼會是父母的責任呢？

這種情景從來不曾發生在我家，相反的，有時候看到兒子寫錯字鬧笑話，我還會挖苦他：「你很誇張耶！」如果他回家告訴我，同學拿錯別字開他玩笑，我就會提醒他：「你不要寫錯！就不會被人笑啊！怕丟臉就要自己多用心。」

堅持的結果是，我家兒子的作業簿經常紅通通，寫錯字丟臉、被同學笑、被老師罵也都是他要面對的「現實」。但我會鼓勵他，第一次寫錯沒關係，可以清楚知道自己哪裡會？哪裡不會？不會的媽媽可以教你，也可以到學校問老師。等到考試前，把這些曾經犯錯的地方拿來複習非常管用，提醒自己要注意！

05 媽媽的話是不打折的

因爲說到做到，不管是處罰還是獎勵，絕不會出爾反爾，所以兒子根本不敢「測試」媽媽的話算不算數，因爲一定算數。

生活態度應該從幼兒時期就要養成，學習的態度呢？我認爲小學就要打好基礎。還記得許捷一年級剛開學沒多久，忘記帶東西到學校，我幫他送到校門口時，就愼重地跟他講：「這是第一次，也是最後一次。以後忘了東西就得自己負責、自己想辦法解決。因爲這是你的書，不是我的書，該負責的人是你！媽媽有自己的事情要管、要負責，沒辦法幫你管喔！」

相信像我這樣撂狠話的父母很多，但眞正狠得下心腸的沒幾個。爲了徹底讓兒子學會負責任的學習態度，讓他一開始就清楚知道，媽媽的話是不打折的，我可是說到做到，當起「英英美黛子媽媽」（閒閒沒事）。不管後果有多嚴重，上學東西忘了，全讓兒子自行負責，要扣分還是處罰？都交給老師發落。

關於寫功課……說話算話難不難？

功課方面也是，孩子回家寫功課通常都是父母頭痛排行榜前幾名的事情，剛念小學時的許捷也是，需要我在旁邊催促提醒，但是很快地，他就可以自我管理，每天做好分內的課業。秘訣就在於，媽媽頒下的「聖旨」：「只要功課寫完，你愛怎麼玩都隨你喜歡！但是功課沒寫完之前，其他事情統統不准做。」

而且**「寫完功課」的標準就像訂契約一樣，事前要講清楚條件，事後驗收時才不會有糾紛**！比方說，字要寫得多漂亮，是「甲上」還是「甲」？如果標準是前者，碰上給分寬鬆的老師，孩子字寫得歪七扭八也給「甲上」時，爸爸媽媽鼻子一摸，再悶也要閉上嘴巴，不能反悔動怒，這樣才能建立權威感！以後說話才有分量！頂多私下找老師商量，請老師要求更嚴格一點，但是父母絕不能出爾反爾，說話不算話！

這一點我也是說到做到，很多父母雖然也常把這類台詞掛嘴邊，但沒幾次就失靈了，很多時候不是因爲小孩做不到，而是大人自己先食言，我常聽到其他孩子抱怨「我明明很『拚命』地寫完功課，大人還是這個不准玩、那個不准看」；或是孩子動作迅速地完成功課後，家長立刻「加碼」，叫小孩再多寫幾張評量、多看一本書。

明明講好作業寫完可以玩電腦遊戲，結果小孩子神奇地只花了十五分鐘就做完，父母就會改口說：「剩下的時間全拿來玩遊戲嗎？那可不行！」爸爸媽媽扛著愛小孩的十字架，好說歹說，連哄帶騙地變出其他練習卷。認爲只要小孩多寫、多練習就是好事。結果恰好適得其反，大人一次兩次不守信用，說話不算話，爸媽發言的「信用破產」，以後管小孩就難了。

爸爸媽媽老是「擔心」小孩玩樂遊戲的時間太多。特別是念了小學之後，巴不得抓緊每一分、每一秒。問題是，這樣一來，乖乖把功課早點寫完的「獎勵」竟然是：「寫更多功課」。爲了對付大人的出爾反爾，能拖則拖，邊寫邊玩，就變成小孩的應變之道了。

學校課業是如此，生活常規的養成也是同樣的道理。說話算話難不難？父母經常一氣之下說出自己做不到的事，像是「如果你再不乖，我就不認你這個小孩……」或是「再不聽話就趕出去……」這些內容情緒化的空頭支票，誰聽了都知道是不可能的，小孩子當然也不會傻傻上當啊！就算開頭幾次發揮嚇阻作用，之後肯定失靈。

輕鬆帶孩子的關鍵：建立權威感

身邊很多朋友，也是爲人父母，看我帶小孩好像很輕鬆，覺得不可思議。我都不吝分享，關鍵在「建立權威感」，很多人以爲權威感等於兇或嚴格，其實只講對了一半。在兒子心目中，我這個媽媽的兇和嚴格，是因爲說到做到。不管是處罰還是獎勵，絕不會出爾反爾，所以他根本不敢「測試」媽媽的話算不算數，因爲一定算數。

後來我開補習班，偶爾抓兒子公差，請他幫忙看著小朋友寫功課時，常聽見他悄聲地傳授撇步：「趕快寫，快點寫完就可以快點去玩囉！」我忍不住暗笑在心裡「這招成功啦！」，許捷果然不愧是經驗豐富的「前輩」。

06 我媽是個男人婆！

在兒子心目中，我的形象居然是「男人婆」，哈哈！不過，後來想想，這話好像也是平常我偶爾拿來消遣自己的話，想不到他都聽進去了，而且還到處跟人「宣傳」。

記得國二的那年，有天學校老師緊急來電：「許捷受傷！不小心被同學弄的，請媽媽趕快到學校。因爲傷口滿深的，保健室緊急處理後，可能還要到醫院進一步治療，免得不小心感染引起破傷風。」

當下我直覺問題應該不嚴重，但還是包包「款款」趕過去。一路上還在想：「剛沒聽清楚老師講是哪個同學弄傷兒子？」不是準備待會兒要找他算帳，而是掛心著「這個闖禍的同學現在應該嚇破膽了吧？」

到了學校，迎面剛好看見兩個孩子從保健室走出來，一看！原來是之前待過我補習班的孩子，我和這個學生的家長也很熟。知道自己闖禍的他，頭低低等著挨罵，沒想到開口我就說：「某某同學，你眞的是Lucky喔，碰到我！玩這麼大？如果今天換成別的家長，你就……」

話才說完，就聽到許捷在他同學耳邊小聲地說：「我就跟你講吧！我媽不會怎樣啦！」

事後這位同學的媽媽打電話來道歉，我雖沒責罵追究，還是提醒了幾句，叮嚀孩子嬉戲時多留意安全！對方的說法也是：「對啊！我有警告他以後不可以，這次幸好碰到許捷的媽媽，萬一是別的家長，一定沒完沒了！」

逼不得已的女強人！

老師告訴我，看到許捷血流如注時，闖禍的同學當場嚇得臉色發白，從教室到保健室的路上，都不敢說話。反倒是我家兒子從頭到尾一直安慰他的麻吉：「沒關係啦！不用緊張，我媽不會怎樣！」最後還不忘補上一句：「我媽外表是個女人，其實根本是個男人婆！」聽了這話，眞的讓我好氣又好笑！原來在兒子心目中，我的形象居然是「男人婆」，是不是該反省一下？不過，後來我想想，這話好像也是平常我偶爾拿來消遣自己的話，想不到他都聽進去了，而且還到處跟人「宣傳」。

說出來兒子可能會覺得難爲情，但一直到小學高年級，兒子都還很「黏」，每晚窩在我房間，睡前母子會天南地北地聊。有時候講到一些人際互動時，我會告訴他：

「兒子！其實媽媽根本就是個男人婆，只是外表是女生……」大概就是這些話，讓兒子覺得我這個媽媽神經大條，碰到什麼事情都不至於大驚小怪吧！

事實上，EQ比我好很多的許捷，不止一次跟我說：「你講話很強勢耶！這樣人家都會怕你！」國中的週記裡面，兒子也把我描述成「女強人」，而且還加上一筆「逼不得已的女強人」，導師覺得不解，我只能笑說：「眞是知母莫若子啊！」

確實，新認識的朋友或是剛進補習班的老師，看到我都會怕怕的，因爲我嗓門大、加上講話常常得理不饒人，快、狠、準的行事風格，難免給人很恰的女強人形象。但相處久了就發現，工作之外的我，根本是個神經超大條、又愛開玩笑的大好人！還是應該說是「濫好人」！不但不會欺負別人，還一天到晚吃虧呢！

我曾經問過兒子：「你覺得媽媽是怎樣的人？」得到的回答竟然是：「妳太『大愛』了！」兒子講這話，聽起來有「規勸」的意思，不過，我還是執迷不悔，笑笑回他：「這就是我的魅力啊！」

07 青春期，孩子態度不佳怎麼辦？

理解孩子也有情緒，所以不會在當下責怪他，但孩子態度不佳時，不管年紀多大，父母還是有必要讓他知道這樣不對！只不過，管教的方法得隨著孩子的年紀適時調整，才不會引起親子關係的衝突。

我常說孩子小時候比較好教養，因爲小孩會怕大人，父母要趁機把權威感建立起來。平常，任何事情只要是安全的、舉止沒有過分造次，我都ＯＫ。但我同時也告訴兒子，如果他的表現不佳，像是太頑皮、不禮貌……的話，就等著被「釘」！不過人前，我還是會留面子給他，這點我認爲很重要，每個人都有自尊心，孩子也是，即使做錯事要處罰，也要考量到孩子的自尊心。

所以「釘」他之前，通常會有「前奏」，我告訴兒子，如果在人前刻意叫「許小捷」時，他就要注意自己的言行舉止！代表媽媽已經不高興了！這是屬於我們母子的默契，他也非常清楚界限。

家長要當以牙還牙的高手

除了「許小捷」這句緊箍咒之外，我還是「以牙還牙」的高手！記得大概是兒子小二還是小三的年紀，我叫他做某件事情，他根沒在聽！我叫了兩次、三次，他還是置之不理。相信大部分的家長碰到這種狀況，一定是火冒三丈！但我剛好相反，他不理我是嗎？那我也不理他了！我轉頭就進房間去睡覺。隔天早上兒子來叫我，換我不理會他。我冷冷淡淡跟他說：「我說的話你不聽，那我就不說了！」這下換他急了，看我態度堅定，嚇得不知所措的他突然跪在床前：「求求你再給我一次機會，我發誓以後不敢了。」

我心裡暗笑：「這小子是不是電視看太多！從那兒學來的苦肉計啊？」但當場我還是忍住笑，很嚴肅地跟他講：「以後我講話要不要聽？會不會當耳邊風？」只見他點頭如搗蒜，看來肯定是把媽媽的話擺心裡了！

媽媽可不可以體罰？

印象中，我打過兒子一次，而且這一次還是兒子幫我記得的，我自己倒是忘得一乾二淨。所以孩子真的不能隨便亂打，他肯定會在心裡的帳本上記一輩子的！當時許捷差不多兩歲多，我三番兩次告誡他不准動插頭，因爲很危險。但是好奇寶寶的他，忍不住玩心還是拿東西去碰了。這下我火了，拿起小竹條就動手打了他。處罰的同時，我還不斷跟他解釋，爲什麼媽媽要打他，因爲他做了很危險的事，不小心會沒命的。雖然兒子被打得哇哇哭，我還不忘繼續說：「你如果死翹翹，媽媽會哭死！你覺得這樣好嗎？所以下次還要不要做這樣危險的事情？」

對於這麼小的孩子，爲了達到嚇阻作用，我會把後果講得非常誇大，讓他心生畏懼，以後不敢輕易再嘗試！而且我處罰孩子時，不會親手打，而是準備一根棍子，請出「家法」伺候！爲什麼要這麼做？這招也是看書學來的，原因是處罰小孩，並不是因爲爸爸媽媽討厭他、不喜歡他，所以要動手傷害他。而是他做錯事，觸犯了規矩，所以要動用刑罰。**這是一個教導孩子遵守規矩的機會**，家有家規，平常就要跟他約法三章，如果不遵守就要接受處分。

當時一旁疼孫的外婆捨不得，還叨唸著：「你自己要把東西收好啊！收好不讓小孩拿到，他就不會去碰啦！」盛怒下的我當時沒聽進去，事後想想老人家的話，也有幾分道理。

生氣時，照照鏡子，看看自己的臉都會嚇到，自己都不敢看了，何況是小孩？大人的社會經驗、學習過程都比小孩多，如果我們大人都沒辦法控制自己，小孩豈不是更難？那次之後，我再也沒有動手打過他，改用口頭警告！上高中之後，連警告都免了，改成勸導。因為，**越大的孩子越需要尊重**。

教育孩子懂得「在乎」父母的感受

說來兒子還算受教，印象中沒什麼叛逆期，但隨著年紀漸長，他越來越有自己的想法，親子關係緊張的場面還是偶爾發生，特別是高三階段，有時候看他「面臭臭」，忍不住關心一下，如果得到的答案是：「沒什麼啊！幹嘛問？」這種偏差態度我肯定是不能接受的，但當下一定先忍住，不會把場面弄得難看。他口氣差，我就馬上閉嘴不講話，走開做自己的事情。**冷處理，孩子反而更懂得知錯反省**。過一會兒，他就會自己下樓來，藉故跟我講話，或是發簡訊跟我道歉。

「以牙還牙」這招很管用，換兒子體會一下熱臉貼冷屁股的滋味！不過，這我必須強調，這招不一定適用在每個人身上，因為我和兒子關係親近，我知道兒子非常在意我的感受，所以媽媽不理他，對他來說就是無言的懲罰，很有效。

很多時候，**父母太在乎孩子的感覺，就容易被孩子牽著情緒走**。但是我認為應該也要適度教育孩子懂得「在乎」父母的感受。

嬰兒階段當然是沒辦法，不管父母多麼勞心勞力，小寶寶是無從理解體會的！但是隨著孩子慢慢長大，我覺得爸媽有必要讓孩子知道自己的辛苦，這麼說並不是教爸爸媽媽整天把「我辛辛苦苦把你養大」這種話掛嘴邊，而是在平常生活的交談中，潛移默化地讓小孩知道家長爲他們做了些什麼、考量了那些……讓孩子清楚你種種安排的用心是什麼。過程中，千萬別變成是「算帳」喔！把自己花多少錢、花多少時間搬出來跟孩子計較，反而模糊掉教養的焦點了。

平常靠著親子之間多溝通，建立良性的互動關係，等到碰上對立衝突的時候，就可以派上用場。很多家長常對我說：「你太好命了吧！兒子只是頂你兩句，就叫叛逆喔？那我們家小孩講的話怎麼能聽？」但我相信，**每一對親子之間的衝突都是從一、兩句開始的**。所以即使到現在，兒子已經上了大學，如果他的言行舉止讓人不舒服，我不會開罵，但一定會「明示」或「暗示」的出招，讓他知道我的感受。

記得是剛上大學那陣子，有時候我話還沒說完，兒子就隨口丟一句：「這不重要啦！」或是「我早知道了！」這話聽了讓人很悶，心裡著實不舒服，隔幾天，我逮到機會就虧他說：「許小捷！你現在是不是開始覺得媽媽很無知啊？因爲你接收的資訊和觀念可能都比我還新！」

「不會啊！」他倒是答得很乾脆。

「可是我覺得耶！最近我好像跟你講什麼事情，你都讓我有這種感覺喔！」

兒子這下知道了，媽媽在提醒他態度問題，連忙解釋：「沒有啦！我只是說那些事情目前沒必要去講，因爲眞的不重要！」我可不會這麼輕易放過他，繼續說：「但是我們都還沒有開始談，你怎麼知道重不重要？」

他口氣慢慢轉變，心虛地「噢！」了一聲，再耐心解釋一次，那些事情是如何如何，所以他才會認爲不重要。其實我在意的根本不是那些事情，而是他對長輩講話的態度，果然，經過一番溝通，之後我開口講話，他的態度明顯改善許多。

將心比心，理解孩子也有情緒

每個人都有「奇檬子」差，不想講話的時候，將心比心，我可以**理解孩子也能有情緒**，所以**不在當下責怪他**，但我認爲孩子態度不佳時，不管年紀多大，父母還

是有必要讓他知道這樣不對！只不過，管教的方法得隨著孩子的年紀適時調整，才不會引起親子關係的衝突。

最糟糕的狀況是，當孩子開始不再像過去般乖巧聽話時，父母第一時間難以接受，馬上就被激怒：「你這是什麼態度啊？」連續劇看多的爸爸媽媽，甚至還會講出「我養你這麼大，結果你居然跟我講這種話……」之類的對白，衝突就白熱化了！

事實上，孩子可能只是心情不佳，當下回的話讓父母很受傷、或者是單純的不想說話，保持沉默卻讓家長誤以爲孩子不耐煩。試想年輕時我們不也這樣？父母不妨理解這是青春期孩子必經的過程，給他多一些包容、溝通和等待！

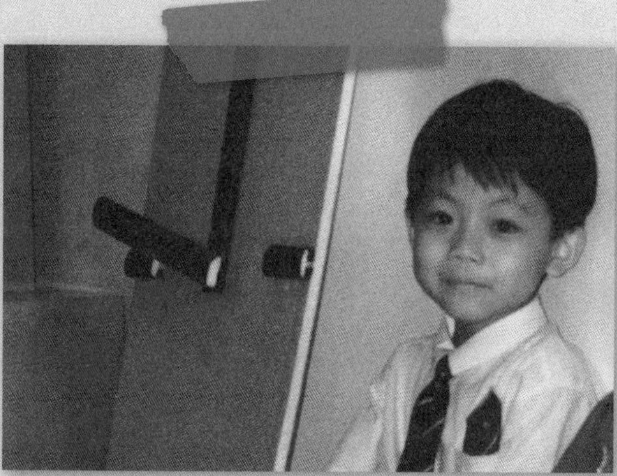

第二章

求學路上的選擇題

讓孩子擁有清楚的目標，協助他並要求他達標，其中帶來的成就感和自信，足以讓孩子湧生學習的動機，並樂在其中！而我的選擇題，總是圍繞著這個初衷來思考！記得找孩子討論，與孩子有關的選擇題，別黑箱作業才好。

08 為什麼選擇全美幼稚園？

打從一開始，我就不是爲了趕時髦流行，也不是爲了小孩英文發音漂亮被人稱讚的虛榮，才決定讓兒子念全美幼稚園。而是把美語學習這件事情，看成他將來爲了捧飯碗必須具備的能力。

幫許捷選擇幼稚園，是我們母子碰到的第一關。雖然告訴自己：「要讓兒子將來長大，是可以在地球村生存的孩子。能夠擁有開闊的心胸、懂得享受生活、要會過日子，希望他一生不要白過。」

但問題是該怎麼做呢？我和每位家長一樣，面對教養資訊爆炸、各方衆說紛紜時，也經常腦袋打結。這時候如果不能清楚自己的方向，就容易迷失，被一些枝微末節的狀況干擾情緒和選擇。

如何從三姑六婆的意見、幼稚園的文宣廣告中清醒？

當時遍訪鄰近幾家合適的幼稚園後，我得到這樣的結論：一般私立的幼稚園平均大約每個月是一萬多元，包括學費和車資……等等，每班配兩位中師，負責三十幾個小朋友。另一家新設立的全美幼稚園位在住家附近，雖然學費比較貴，但可以省下交通費，算一算平均每個月一萬五千多塊，敲敲計算機，兩者差了五千元左右。但是全美幼稚園因爲新成立，每班才十六個小朋友，搭配一位中師、一位外師，後者的師生比顯然是「勝」。

再說，全美幼稚園可以學習英文，符合我心目中希望孩子能成爲地球村一員的期待。雖然學費貴了五千元，但換個角度想，將來長大再花錢上英文課，每個月幾千塊錢學費也是跑不掉的。提早念全美幼稚園，等於「預付」這筆學費，想想應該划算，加上師生比較低（一個老師負責八個小朋友），可以擁有比較好的學習品質。

最後，拍板定案，選擇念全美幼稚園！

「洋涇濱英文」，那裡出問題？

當時我因爲任職外商的關係，同事很多曾是小留學生，偶爾有機會碰面，他們總喜歡逗逗小孩，每個人都誇許捷講英文的發音眞「漂亮」，常會開玩笑說Uncle（叔伯）都被比下去。沒有「英文耳」的我，有次忍不住就問同事說：「爲什麼這樣講？你們的發音不好嗎？聽起來很流利啊！」

那位工程師馬上大吐苦水：「像我們這種十幾歲送出國的小留學生，講的英文還是不夠道地，外國人一聽就知道！有時候難免被欺負。不像你家兒子，這麼小就開始打底，將來求職或是工作和外國人溝通，絕對能占便宜！」

當媽媽的，聽了這話雖然飄飄然，心想「學費總算沒白繳」。不過，隨著學習年齡的增長，我也慢慢發現另一個問題，那就是多數全美語體系的「文法訓練」並不夠。

畢竟我們住在台灣，英文不是熟悉慣用的語言，即使外籍老師天天跟小孩講英文，但也只限於日常溝通，對於文法方面的糾正並不積極，因爲就算小孩講錯，外國老師也聽得懂啊！再加上西方教育的精神是開放快樂的學習，所以大部分的外籍老師會認爲，孩子還太小，這時候鼓勵他們勇於表達，「敢說」比「說得正確」更重要！因此也就不太會嚴格糾正學生說話時的語法是否正確。

我並不是反對快樂學習的精神，但這樣一來，很多全美幼稚園教出來的孩子，甚至不少喝過洋墨水的留學生，英文講得輪轉（流利），發音不輸外國人，但仔細聽清楚內容，卻經常出現文法錯誤的「洋涇濱英文」（中文式的英文）。

這個問題，其實是學習各種語言都會碰到的狀況。就像中文也是有所謂的文法，但因爲我們從小就接觸，所以不需要刻意學習，就能掌握箇中訣竅。但是外國人如果想要學好中文，就得在文法下功夫，否則講出來的話，雖然我們聽得懂，但總是怪怪的，語意也不順暢。

凡事要做到好，一開始「正確」就是很重要的標準

所以文法學習到底有多重要？答案因人而異，得看學習的對象和學習的目標來決定。如果學英文只是用來聊天交朋友或旅行問路，只要對方聽得懂就行，文法正不正確不用太計較。但是我希望兒子將來求學或是進入社會工作時，能夠有扎實的外語能力。這時候，我就會忍不住想像著，萬一哪天他想應徵跨國企業，碰上外國主考官，開口用未來式發問，結果他回答用現在式。或是寫英文履歷表時文法錯誤百出，這樣不是全盤皆輸?!

或許很多家長會覺得小孩發音正確就夠了，文法等長大點再學就行。但我認爲凡事如果要做到好，一開始「正確」就是很重要的標準，這裡所謂的「好」不僅只是考試成績好，而是要能夠流利，並且擁有聽說讀寫的能力，否則只是會聽、能說，到了國外豈不等於是「文盲」？

打從一開始，我就不是爲了趕時髦流行，也不是爲了小孩英文發音漂亮被人稱讚

的虛榮，才決定讓兒子念全美幼稚園。而是把美語學習這件事情，看成他將來爲了捧飯碗必須具備的能力。所以才會訂下高標準，也花了很多錢和心思，甚至後來，我還自己跳下去開了美語補習班！難怪兒子常自嘲，他的英文能力是用錢堆出來的！這小子只講對一半，另一半可是爲娘的用心呢！

09 英文溜，中文怎麼辦？小一新鮮人的銜接關鍵

把孩子放到一個全美語的學校，讓他可以在校園裡接收另一種語言的刺激。但是離開學校，回到家裡，我覺得就是學習中文的環境了。雙管齊下，才能自然而然地爲孩子營造雙語環境。

念全美幼稚園會不會影響中文學習？這幾年常聽到學齡前的家長們討論這個話題，支持和反對的兩派意見都有。我自己回頭想想，兒子好像沒有這方面的困擾！並不是他資質異人，也不是我特別用心幫兒子做了什麼補救措施，眞要講起來，反而是沒有刻意做什麼，「順其自然」的結果！

我一直強調，讓兒子從小接觸英文，只是爲了培養他的語文能力，而且越小開始，發音和語感越好，將來能夠獲得比較好的競爭優勢罷了！但我絕不希望他住在台灣，卻變成一個只會說英文的「外國人」。

不用刻意在家裡複製全美語的學習環境

在語言學習上，環境確實很重要。但很多專家對全美幼稚園持反對意見，認爲在學校只講英文，會影響小孩母語的學習，這個說法並不完全正確。中文是我們的母語，打從孩子出生就開始接觸，熟悉的程度自然是不需贅言，對比之下，全美幼稚園擁有的最大優勢，就是大部分家長沒辦法自行在家裡複製的英語學習情境。

這也是爲什麼我會把孩子放進全美語的學校，讓他可以在校園裡多接收另一種語言的刺激。但是離開學校，回到家裡，我覺得就是學習中文的環境了。雙管齊下，才能自然而然地爲孩子營造雙語環境。

意思是說，送孩子上全美幼稚園或美國學校，並不代表爲了學好英文，爸爸媽媽必須把全美語的學習環境搬回家！很多時候念了全美幼稚園後，小孩中文學習出現障礙，是因爲家長求好心切，太刻意在家裡也複製了全美語的環境。有些教育水準高的父母，甚至在家也規定小孩「No Chinese」，全部用英文對話。不用說，孩子的英文當然是頂呱呱，但也失去了原本雙語學習的環境。

除非打算移民國外，那就另當別論。如果準備繼續在國內升學，小孩白天講英文，回到家之後，繼續講英文，中文當然不會好啊！將來念小學，在母語的學習上就會受挫，課業表現也會出現嚴重問題。

說實話，就算是準備送出國念書的小孩，我也覺得滿可惜的！中文也是顯學，全世界最多人使用的語言。生長在台灣，如果只學好英文，卻念不好中文，顧此失彼，這損失未免太大！難不成以後到了國外，再跟阿兜仔（外國人）一塊學中文嗎？

李主播教會兒子ㄅㄆㄇㄈ

所以我會買英語繪本給小孩，偶爾也會驗收兒子的學習，關心他英文課上了些什麼。但是回家後閱讀的課外讀物，還是以中文爲主。聽的兒歌、看的兒童節目幾乎統統都是中文，一方面是媽媽的英文不靈光，再來是認爲孩子在學校已經有外籍老師帶領閱讀英文童書，回到家裡應該可以加強中文方面，這樣學習才能達到互補。

抱著平常心，沒有刻意提前在家裡教兒子ㄅㄆㄇㄈ，但他曝露在中文環境的時間並不會因爲他念全美幼稚園而減少。這樣的狀況下，根本不需要擔心小孩將來念書時學習中文會吃力。

記得準備升上小學前，很多全美幼稚園的家長擔心孩子中文程度會跟不上，急著送孩子上所謂的「正音班」。我只花錢買了一套注音符號錄音帶，主講者還是當時擔任主播的李豔秋！利用暑假期間，在家勤快地放給兒子聽，開學時，他已經練出很不錯的國語發音！

這麼講起來，兒子的國語文啓蒙，可得謝謝字正腔圓的「李主播」！

10 「勾引」出孩子對閱讀的興趣

不要小看孩子無關緊要的發問，另類的「找麻煩」，不但增加親子之間的生活樂趣，還有意想不到的效果。而孩子衍生的無限創意，往往就隱藏在這些跳出常軌的怪問題裡面。

從幼稚園起，我就開始陪「公子」唸故事書的「書僮」生涯，最高紀錄是一天唸十三本書，唸到口乾舌燥。因爲我是指著書上的字，逐字逐字地唸，這招是看書學來的，專家說這樣不但可以幫助孩子認字，還能夠讓他了解字句的概念，年幼的孩子即使不識字，也會慢慢懂得，這樣是一句、那樣是一段……將來等他自己識字讀書時，就會更有感覺了！

每次我賴皮說：「媽媽要煮飯了啦！」想找藉口脫身。兒子的反應更高明，直接說：「去外面吃就好，拜託你繼續唸……」通常唸到一個段落或章節後，我會稍微停頓，留下時間，讓孩子發問，我也會找一些問題問他。這一招也是從別人那兒學來的，許捷的姑姑是英文老師，小時候到家裡玩，我就從旁觀察「老師」是如何引導孩子閱讀，只見她經常唸一段就會停下來，然後即興發問。比方說講到「小紅帽」的故事，她會問許捷，小紅帽為什麼……？如果你是小紅帽，會如何……？

雖然我書念得不多，但我自認滿有領悟力，看到書上專家講的或是其他人的教養方法，如果認可，覺得有道理的，就學起來！

別把閱讀當成嚴肅的事

不只如法炮製，有時候我還會加上自己的創意呢！每次說故事時間，我們母子就會天馬行空的「考」對方，甚至發揮想像力胡謅瞎掰一番！到現在我還記得其中有本翻譯童書《猜猜我有多愛你》，裡面有段描述兔子寶寶對媽媽說：「我愛你，像什麼一樣長……」我就問兒子說：「那你愛媽媽有多長？」小小年紀的他先是回答：「到月亮那麼長」；我就故意逗他：「但是媽媽愛你，愛到太陽那……麼……長耶！」這下子激起他的挑戰欲，馬上搬出他那陣子迷上的太陽系行星，一個一個講，母子就一問一答，口氣加上手勢，越講越誇張，距離越講越遠，最後，不用說，我這個媽媽完全被幼稚園的兒子打敗！但是我輸得心服口服，當場還大大給他一個愛的抱抱，誇獎他「好犀利！」

別把閱讀當成很嚴肅的事情，這是我多年擔任「書僮」的心得，爸爸媽媽不用擔心自己發音不標準會影響小孩日後的語言學習，畢竟不是每個人天生都適合吃播音員的飯。學齡前的孩子，認得幾個字並不重要，把它當成親子共讀的附加價值就好，先不用急著驗收成果。將來上學之後，這方面還有很多機會可以慢慢培養學習。

講故事時間，最重要的還是親子感情的培養建立，以及透過閱讀開拓孩子的想像力和創造力。不要小看這些無關緊要的問題，另類的「找麻煩」，不但增加親子之間的生活樂趣，還有意想不到的效果。創意往往就隱藏在這些跳出常軌的怪問題裡面。

市面上，一大堆標榜「創意潛能開發」的課程，不就是像這樣的教學方法嗎？只要肯用心，根本不需要花錢帶小孩上什麼潛能開發，花一點時間陪孩子閱讀、在故事裡面找到有趣的互動，就可以自己在家ＤＩＹ，訓練小孩「水平思考」！

11 公立？私立？別只用存摺決定！

我常問家長：「你想養出一個怎麼樣的孩子？」往往得到的答案是：「沒想過耶！」我說：「那你爲什麼送他念某某小學？」媽媽說：「因爲人家說那裡好！所以就讓小孩讀那裡呀！」

現在大家認識的許捷，非常愛玩、敢於嘗試新事物。很難想像他小時候是個害羞、怯於嘗試，面對許多事情都不敢跨出去的內向孩子。對人、事、物，他總是謹慎小心，不敢輕易冒險。就算是一盒新玩具擺在眼前，其他小孩已經興奮地衝上前玩起來，我家兒子還是不敢輕舉妄動，安靜地看別人玩。只要是沒玩過的東西，就不敢隨便嘗試，他總是先在旁邊看別人玩，先觀察，才「可能」願意跨出第一步。意思是說，看了之後，如果覺得不安全或是沒把握、沒興趣，他寧可放棄嘗試的機會。

上幼稚園之後，開始進入群體生活，我從老師的聯絡簿和談話，以及觀察他和其他孩子的互動裡面，對兒子的個性有了更清楚的了解。這些線索，提供了我為兒子選擇小學的參考依據，也改變了他的命運！

這話怎麼說呢？當時我一度在親友的建議下，考慮讓兒子念私立小學，住家附近剛好有一家口碑還不錯的私立學校，教學規規矩矩，教出來的學生也給人乖寶寶的印象。這點是優點，但我想了一想，也可能是缺點。

所以我才會一直強調，要清楚自己想要教出什麼樣的孩子。我不希望兒子只懂得念書，變成一個書呆子。再加上他膽小的個性，對於新事物的嘗試往往需要有人在背後推一把。如果再把他送到學風一板一眼的校園，肯定會強化他的個性，越來越不敢向外探索。

依據孩子性向，選擇合適的學校

有了這樣的想法後，我轉而考慮其他選擇——強調教學開放活潑的政大實驗小學。據說學風非常自由，當年有些孩子因為自由過了頭，甚至還被外界貼上「沒大沒小」的標籤。我心想：「太好了！這就是我想給兒子念的學校！只有無拘無束的環境，才能讓他學習勇敢嘗試。」

記得新生入學第一次舉辦家長座談會，我問老師關於兒子的學習狀況，是否有任何問題時，得到的答案眞令人捧腹。老師告訴我：「許捷很乖，沒什麼問題！但是他下課都不太敢走出教室。我問他爲什麼，才知道他擔心短短十分鐘的下課時間，萬一離開教室，等會兒鐘響時會來不及趕回來，所以他不敢下課。」

這是小學一年級的許捷。誰能想得到，現在的許捷，說來有點不好意思，時常是睡到飽才出門去上課，在課業學習上，有自己的一套想法和做法。前後差別如此大，不難想像一路求學過程，除了課業的學習成長，他的性格也有了很大的改變突破。

12 自己決定考幾分?!

即使只是一個孩子，也要有「做好本分工作」的認知才行。這樣算不算給孩子壓力，確實是壓力，但我會講清楚「標準背後的原因」，分析給他聽，讓他知道只要肯念、肯做，達到標準一點都不難！

補習班裡面的學生，每到月考前都躲我躲得遠遠的，因爲我規定每個人要交出各科的目標成績。比方說：國語九十五分、數學九十分、社會九十五分……等等，別以爲數字可以隨便亂塡，因爲根據平常對每一個學生的觀察，我可以分辨哪些孩子訂的目標分數是敷衍，哪些是認眞評估後，對自己考試分數的期許。看到不合理的目標，我就會把小孩叫來面前，愼重地問他：「你覺得這樣合理嗎？訂定目標分數的理由是什麼？」

這個做法也是當年我教自己兒子的方法。兒子剛上小學的時候，懵懵懂懂，根本搞不清楚爲什麼要讀書，只知道考不好，大人會生氣而已。所以我覺得這個階段更要花心思，建立孩子正確的讀書習慣和態度。慢慢訓練孩子，讓他知道自己準備多少，才可以獲得多少。

即使是孩子，也要有「做好本分工作」的認知

一般來說，小學階段，即使資質普通的孩子只要上課專心、課業好好寫、考前花點時間複習，除非題目太刁鑽，通常成績都不會太差。所以我給兒子訂下的標準是月考各科都要達到九十五分。理由是，只要他平常上課專心聽講就可以拿八十分了，如果回家功課好好寫，把實力累積到九十分，考前再複習一下、評量多練習，絕對有機會拿滿分。我還「仁慈」地容許他不小心粗心犯錯喔！失掉五分，至少標準要達到九十五分！

清楚設定目標，然後**讓孩子了解，為了達標，他需要付出多少努力才能達到**。這樣算不算給孩子壓力？確實是壓力，但我會講清楚「標準背後的原因」，分析給他聽，讓他知道只要肯念、肯做，達標一點都不難！即使只是一個孩子，也要有「做好本分工作」的認知才行，所以兒子從小就知道，我不會要求他滿分，但低於標準就要被「算帳」。不要誤會！這裡講的「算帳」並不是打小孩，而是「檢討」。

我從來不會因爲考試成績打孩子，但考不好，我會問兒子：「爲什麼？」他要告

訴我考壞的原因？不會？還是沒有準備？不可以告訴我「不知道」，硬掰也要講出個理由！如果合理，能夠說服我，分數再難看我都接受。沒辦法說服我，就等著被修理，修理的程度可能是不能玩電動、打球……等，代表他將被剝奪做喜歡的事的權利，也等於失去他的自由。

為什麼考不好？訓練孩子養成反省的習慣

我很少追著兒子盯他讀書，但是他自己會怕準備不夠，不是因爲他看重成績，而是怕被算帳檢討！

因爲從小學時期開始，我給兒子的態度養成，就是每次考試結果如果不如預期，都得口頭檢討。升上國中，大小考不斷，爲了避免孩子壓力太大，連帶使得親子關係過度緊繃，我也改爲「只看大考、不看小考」的原則。但是，我知道反省的習慣已經深化在他的腦袋裡頭，不相信？瞧瞧他國中的生活週記，就不難看到，他三天兩頭都在反省，連導師都覺得好氣又好笑呢！

等到高中，口頭檢討當然早就不用再做了。除了有一回，兒子數學考壞了，我關心他是不是題目太難？他才不好意思的「自白」是因爲上課時聽懂老師教的，就以爲自己會了！回家偷懶沒練習，考試當然過不了關。聊到最後，兒子還一臉嚴肅地下了結論：「數學是要用做的，不是用看的！」我聽了忍不住暗笑「兒子眞是逗！」而且我也相信，他從此再也不敢投機取巧了！

現在，爲了訓練補習班的學生養成反省思考的習慣，有時候光用嘴巴講，印象還不夠深刻，我還會叫學生寫「檢討單」。檢討的內容包括原來的目標分數是多少？結果考了幾分？最後還得加上，考試時寫錯了第幾大題的第幾小題，爲什麼錯？錯的原因要注記在旁邊！每一題都得交代地一清二楚。最後，還得在最下面寫著改進的方法！

或許很多家長會覺得這樣太小題大做了，這麼小的孩子可能只會寫：「粗心、粗心、粗心」或是「不會、不會、不會」，但我認爲即使這樣也無所謂，我只是要訓練他，考完後，除了有錯誤要訂正，還要懂得反省，找出改進的方法才是重點，下次才有進步的可能。

檢討，也是孩子發現錯誤、修正學習態度和方法的最好機會！對於資質不錯的孩子，有時候更要適時防堵，避免因爲小聰明而怠惰學習。

13 不想寫評量，可不可以？

成績不重要，但成績確實是檢視學習態度的重要依據，如果孩子覺得自己可以達到標準，代表他是準備好的。如果他沒把握，表示心虛，既然還有需要加強的地方，他就沒資格說：「已經準備好了！不用再練習。」

俗話說：「上有政策、下有對策。」標準訂出來之後，難免還是會面臨孩子挑戰的可能。記得有一次月考前，我拿了幾張評量讓他多練習，結果兒子跑來跟我「商量」說：「評量寫來寫去，題目都差不多，我可不可以不寫評量啊？」

我回答：「不寫可以，但你保證考一百分？」

他想一想：「好！我保證。」

喔！這小子膽敢開出「支票」，我也很阿莎力地說：「ＯＫ！」結果他果眞考了滿分喔！

等他一下，讓「雜草」長出來沒關係

我一直強調，成績不重要，但成績確實是檢視學習態度的重要依據，如果孩子覺得自己可以達到標準，代表他是準備好的。如果他沒把握，表示心虛，既然還有需要加強的地方，他就沒資格說：「已經準備好了！不用再練習。」

像現在帶補習班的孩子時，我也常會碰到學生賴皮不想寫評量。只要有把握達到標準的，第一次我都會說Yes。即使明知有些孩子根本是心存僥倖，我還是尊重他、相信他。建議在家裡也一樣，這種情況下，做父母的不用搬出大道理，緊迫盯人地試圖說服小孩按照大人的規畫複習功課。

先信任孩子，如果他做不到自己承諾的，家長才有理由說教，不是嗎？我把這種信任稱爲「假信任」，先試著相信小孩，有時候獲得大人的信任，小孩反而會因爲不想辜負這份信任，願意主動用功，這是最好的結局；萬一不行，頂多考壞一次，但是他下一回就沒有藉口了，想想，這也算值得！

等他一下，讓「雜草」長出來沒關係！問題冒出頭了，我們才知道該從那裡下手解決啊！比起在考試前，拿著一疊評量追著小孩強迫他寫，我認爲不如等到考試成績出爐，面對分數時，訓話才會發生「當頭棒喝」的作用。讓孩子清楚了解學習各科應該具備的態度和方法，這才是真正的目的。

態度的養成需要時間

所以我經營補習班很特別，中文課輔分成兩種完全迥異的教學風格，一種是傳統的「嚴加管教班」，老師盯得很緊，要求嚴嚴嚴！老實說，我並不喜歡這樣的教育方法，但很多家長送孩子來安親課輔班，就是希望老師可以嚴加管教。

另一個班級，我管它叫「態度養成班」，信任孩子自我管理。學校老師出多少功課，統統都要自己做完，不可以跟我說不知道、不會寫。不會寫也要寫出東西，這樣我才知道孩子腦袋裡面怎麼想、了解他學習吸收的程度。我常跟孩子說：「專心聽講是為了要聽懂，把上課內容弄懂很重要，千萬不要用死背的。一定要清楚為什麼是這樣？為什麼是那樣？把它弄清楚再來記憶，才會記得牢、記得久。」

採取哪一種管教方式？其實並沒有一定的答案。通常我會事先和家長溝通，對孩子的學習狀況加以了解後，再討論出適合孩子的班級予以指導。

無論多努力都達不到標準，怎麼辦？

不管是嚴加管教還是自我管理，統統都必須建立標準，有了標準，小孩才有目標可以追求；家長才有準則可以要求。聽起來很容易，但卻不是每個孩子都可以輕易辦到。很多家長會問：「如果我家孩子都做到這些，還是達不到標準，怎麼辦？」

首先，必須找出問題出在哪裡？代表某方面的能力需要加強，像是閱讀能力、解題能力等等，或是老師上課時，孩子漏了哪個環節沒有聽清楚、沒弄懂！針對問題尋求改善，從中建立成就感和自信，帶動學生的學習動機，但是這部分的培養需要長時間，速成不來的。

而且，即使課業方面達不到標準，並不代表其他領域不行。我必須再三強調，訂出標準（分數）只是希望養成孩子負責的態度，學習態度正確最重要，態度對了！不喜歡念書，從事其他方面的探索，也一定會有出衆的表現。

14 找出哪裡卡住，才能解決問題

孩子越大，越會想出一些方法鑽漏洞，跟大人鬥智。兒子自由過了頭，學習態度開始鬆懈！幸好我忙歸忙，還是有花心思觀察，發現苗頭不對勁，趕緊出手，把他偏差的學習態度矯正回來。

小學階段，在我訂出的高標準下，兒子雖然愛玩，但還算懂得自我管理，課業也兼顧得不錯。不過，家長們可別以爲標準訂好就不關咱們的事了，放手不代表放任不管，天下可沒這麼好的事情。

還記得兒子念小學三年級時，當時我雖然沒上班，但是在朋友開設的補習班幫忙，每天忙進忙出。偶爾兒子放學時，我還在補習班工作，因爲家裡有請幫忙的阿姨，我心想兒子已經大了，就放心讓他在家自己寫功課。沒想到孩子越大，越會想出一些方法鑽漏洞，跟大人鬥智。兒子自由過了頭，學習態度開始鬆懈！幸好我忙歸忙，還是有花心思觀察，發現苗頭不對勁，趕緊出手，把他偏差的學習態度矯正回來。

及時糾正學習態度的偏差

那陣子我注意到許捷寫作業的筆跡怪怪的，同一篇作業不但字跡的深淺有別，甚至有時候連顏色都不同。這表示什麼呢？第一時間，我並沒有把兒子找來質問開罵，相反的，像福爾摩斯辦案一樣，我選擇在平常兒子寫功課的時間內回家突襲。

我看到的景象是，客廳茶几上除了作業簿之外，還擺著一杯飲料、電視遙控器、幾包零嘴。廣告開始的時候，他就提筆寫功課，喜歡的節目一開演，他也就放下筆，喝著飲料、嚼著零食看電視！看來，我家兒子還眞是懂得「享受」啊！

邊寫邊玩，邊看電視、邊吃零食，斷斷續續地完成功課，筆跡當然會出現各種顏色。再對照兒子那陣子的成績有點掉下來，雖然不是考得很差，但代表學習態度的偏差，已經反應在課業成績上面了。

當孩子領到最大退步獎

果然沒多久，第二次段考，他就由第一名一下子掉到第十名！消息還是同學媽媽熱心打電話通知我的！

根據「報馬仔」家長的轉述，老師發成績時，當場大聲宣布：「最大退步獎——

許捷！」這對我家兒子來說肯定非常震撼。所以我也不動聲色，沒有馬上興師問罪！

原則訂了就要遵守，不能隨便打折！退步當然就要找他「算帳」！但不是把兒子抓來打一頓，打罵沒有用，我不贊成體罰的，重點是要教孩子懂得「想」。我所謂的「算帳」，意思是要他檢討，說出退步的理由，讓我能夠接受的理由。

先按兵不動，晚上等兒子回家後，故意虧他：「許小捷，聽說你得到『最大退步獎』喔！請問是怎麼回事啊？」他才把白天在學校「領獎」的實況「轉播」給我聽。

我問兒子：「你感覺怎麼樣？」

他說：「很丟臉！以後不會了啦！不會再有這種事了啦！」

成績是對照學習態度的重要指標

或許很多父母認爲，邊寫功課邊看電視，或是邊吃零食的毛病沒這麼嚴重！說實話，我自己也經常在加班時邊打字邊吃飯，或是一邊工作一邊看新聞……在成人世界裡，一心二用甚至三用，可能不會造成大問題。但是對於正在養成學習態度的孩子，爲了訓練他的專注力，我會表現出非常生氣的樣子，讓他知道，我非常在意他做功課是否專心，一手寫功課，另一手還分心邊吃邊玩是要不得的行爲，以後就不敢掉以輕心。

這也反應一個觀念——成績重不重要？**成績是一個重要的指標，能夠對照孩子的學習態度，如果失常，肯定在哪個環節出了問題**。問題發生了，只要想辦法解決就行。成績掉了，爸爸媽媽千萬別急著責罵小孩，而需花心思觀察他的行爲，或是找孩子及周圍相關的人來聊聊，想法子找出原因，才能幫助孩子解決問題。

知道哪裡卡住了，才能解決問題！

這裡可以再分享一個我和兒子的親子經驗。剛上幼稚園時，許捷連拼圖都拼不太出來，最簡單的十二塊拼圖，他都沒辦法完成。雖然年紀還小，不過看到班上其他孩子都能輕鬆完成，做媽媽的還是不免有點擔心。

但我既不會生氣地罵他爲什麼不會？也不是硬逼他一直練習。而是到學校請教老師，得到的解釋是兒子「缺乏方向感」，只要加強這方面的鍛鍊即可！於是我買了迷宮遊戲回來，果然，母子有空就坐下來玩迷宮，幾天之後，再拿出之前拼不出來的拼圖遊戲，他一下子就拼出來了！

找出關鍵，知道哪裡卡住，才能眞正解決問題！不管是工作還是生活，我都一直是這麼做，教養孩子也是！

15 跳下「火坑」開英文補習班

因自己當年念書時的挫敗經驗，讓我格外注意孩子在學習過程，如果表現不好，是否因爲哪個環節漏掉了？因爲一點沒弄懂，以至於後面像骨牌效應一樣，全倒！

兒子因爲起跑早，幼稚園就開始學美語，幾年之後，進步快速，但是爲了配合坊間美語教室既定的課程，以及年齡限制，有陣子學習出現瓶頸。如果要追求聽說讀寫的高標準，文法的底子很重要，偏偏當時類似的文法補習班都以成人爲主。許捷小三時，我甚至讓他試上過一堂的托福寫作班，班上全是大專生，雖然他聽得懂，但考慮到年齡的問題，有些語彙對他來說實在是太艱深了！所以我改請家教幫兒子加強英文，但還是覺得不足。

怎麼辦呢？找不到適合程度的課程可以繼續學英文，降級學習嗎？浪費時間和金錢；跳級學習嗎？基本功沒打好，將來肯定吃虧！

於是在幾個志同道合的家長朋友商量下，我找來教材、老師，跳下「火坑」，自己開了一家英文補習班。朋友常笑我：「膽子很肥，英文不好還敢開英文補習班！」想想還眞是憨膽！當年不知打那兒來的勇氣？

不要錯過學習的黃金期

講起來，我沒把英文學好這件事，得怪罪當年教育制度的死板！好歹當年我念國中的時候，課業表現也不差，還代表過學校參加科學營競賽！記得國一那年爲了準備競賽，正課缺席了好幾堂，剛好碰上開始教KK音標，結果我統統漏掉，學校老師也沒幫我補課。回到家裡，我母親根本不識字，更沒機會幫我補救，也不知道可以向學校爭取補課的權益。就這樣，一開始沒跟上進度，上課有聽沒有懂，慢慢地也就放棄了。

不過說來也有意思，後來我念國貿，很多科目像是信用狀等等，英文的比重不少，我居然也都能滿分過關。所以我常跟英文造詣比自己高很多的兒子開玩笑說：「媽媽不是缺乏念英文的資質喔！實在是被耽誤了！」

或許正因爲自己當年念書時的挫敗經驗，讓我格外注意孩子在學習的過程中，如果表現不好，是不是因爲中間那個環節漏掉了？還是某個地方沒弄懂，免得他的學習像骨牌效應般，全盤皆倒！

現在想來眞的很懊惱，也覺得很可惜。當時如果有人，不管是老師或長輩，發現我的問題，伸手拉一把，或許一切都會不同。所以現在經營補習班偶爾碰到狀況特殊的家庭，如果孩子學習態度良好，有心向學，即使學費繳得零零落落，我還是鼓勵家長和孩子一起堅持下去，不要錯過學習的黃金期，手頭不方便沒關係，等有錢再來繳學費。

以文法為主要學習架構

雖然英文不是我的專業，但爲了開補習班，我把市面上所有的英文教材，從幼稚園到大學，全部買回家研究，數量之多，幾乎淹沒我家客廳。

當時的我常煩惱沒有適合自己理念的補習班。想不到最後居然自己開了一個！

看不懂就查，花了好幾個星期抓出其中的脈絡和方向。當我拿著選定的教材跟老師開會，清楚說明爲什麼要讀這本、要念那本時，連曾經在全美幼稚園任教多年的專業老師都不得不服氣！

理出頭緒後，**我發現不管是幼兒還是成人教材，所有的文法句型都一模一樣，差別只在於句子的長短、詞彙的難易程度而已**。於是我特別調整教學架構，結合「全美教學」和「傳統教學」的優點，針對小四後的英文課程，以文法爲主軸編入兼顧聽說讀寫的教學內容。並且利用暑期舉辦如同國外的夏令營，讓小孩用英語酷玩一夏！

事實證明，在多年「快樂學習」的口號之後，現在國內越來越多美語補教系統，教學改以強調文法學習。說起來，我還是滿有遠見的呢！而且近幾年，越來越多英語補習班打出口號：國小就把國中、高中的英文學好！這點我也早就開始了。許捷英文就是只補習到小學六年級，把發音練標準、文法底子打好，後面一路就靠學校的教材和他自己修習的課外讀物。

不迷信外籍老師的原因

而且在我的補習班，負責打底的都是中師（以中文爲母語的教師），因爲**只有中師才清楚孩子在學習英文文法方面會碰到的問題和瓶頸**，像許捷當年啓蒙的英文老師也是中師。

發音的訓練也是，很多時候中師的要求比起外師更嚴格。道理很簡單，比方說我們今天碰到一個外國人講中文，就算發音不標準，還是聽得懂，所以並不會刻意糾正對方的發音。相反的，還會覺得對方很棒，勇於開口說中文！同樣的情形也發生在全美語的教學現場，大部分的外籍老師，不管孩子講得標不標準，外師都聽得懂，除非老師，在發音方面特別堅持，否則容易「放水」，讓孩子覺得可以蒙混！

這是我開英文補習班多年下來的經驗談，很多外籍老師主張「快樂學習」，對於我如此嚴格要求發音和文法都不太理解。反倒是中師比較能體會在缺乏英語刺激的大環境下，想要磨出孩子在英文方面聽說讀寫的扎實功力，適度的嚴格絕對是必要。

我不認爲要求孩子達到能力可及的標準，是違背了快樂學習的原則。我得到的經驗是，如果可以**讓孩子擁有清楚的目標，協助並要求他達標，帶來的成就感和自信，足以讓他湧生學習的動機，並且樂在其中**，這才是眞正的快樂學習！

開設補習班那麼多年，每每碰到學了很久、卻連最基礎的拼音都沒學好的孩子，眞讓人心疼，不止是家長的錢白花，孩子學習語言的黃金時期也錯過了。到現在，我們整整花了九年的時間，將文法的教材大致編排完整成套，目前尚在著手進行的是，能夠加強會話寫作能力的教材編排，眞希望能早日成冊完成，讓台灣的孩子能在小學時期就眞正扎下良好的英語基礎，不再錯過學習英語的黃金時期。

16 與孩子有關的選擇，別黑箱作業

不管大事還是小事，我們母子都會攤開來溝通，只是對話內容依照心智年齡調整，用孩子聽得懂的話，讓小孩適度參與和他相關的決定。

快樂的小學生活之後，按照原本的情況，當時兒子可以選擇直升政大附中，成爲第一屆的「白老鼠」。但是我完全沒有把這個選項納入考慮，除了因爲政大附中剛設立，不但治校理念帶有實驗性質，很多方向也還未確定。

更重要的是，我明白國、高中都不會是孩子最後的學歷，意思是說，在台灣的求學階段，大學才是眞正的階段性目標。爲了考上好大學，兒子眼前面對的絕對是競爭激烈的升學之路，他必須依循國中、高中的學制一路往目標前進。問題是，就算條條大路通羅馬（理想大學），但是**念哪個國中、高中，選擇不同，過程不同，人生看到的風景也會不一樣**。

在咱們家裡，這種事從不黑箱作業。我把兒子找來，打開天窗把話說明白，「你想要念私立國中還是公立國中？」

孩子，這是不是你要的生活呢？

在我的想法中，如果走私立國中的路，沒有意外的話，他有機會考上第一志願，但老實說，那是被學校、老師逼著念出來的成績。我問孩子：「三年埋首書堆的生活究竟是不是你要的生活呢？至少我不希望你的人生這樣過！」從小，我一直幫孩子洗腦的人生是「用功學習、用力玩樂」，這點並不會因爲升學競爭而改變。相反的，如果念公立國中，靠自己鞭策自己，養成讀書的習慣，是一輩子帶著走的能力。

我話說得很白，清楚地讓兒子知道，念公立國中得憑實力考高中，萬一考不好，高中就得轉念私立的，因爲這代表他沒辦法靠自己念書，就要依賴私立學校師長的強力督促了。也就是說，我願意放手給孩子試一次，讓他試著自己掌舵人生，萬一高中考差了，頂多再回頭念私立高中，加把勁，還是有機會考上好大學。最怕的是，念私立國中，被老師逼著念書，好不容易苦K三年考上公立高中，卻不懂得如何自我管理、自我學習，結果離理想的大學越來越遠。

別關起門幫小孩做決定

把目標放遠一點，眼前的路也會變得更清楚。就這樣，我把才小學畢業的兒子叫到面前，費一番唇舌分析這些給他聽，他聽完之後，不曉得他是眞懂得其中的道理，還是只圖著眼前國中三年的自由（答案只有他自己知道囉！）。最後他像是下了重大決心般，愼重地告訴我：「念木柵國中吧！我想自己念，靠自己考上好高中。」現在回頭看這個決定，似乎一切都很完美，但是當時身邊的家長或朋友，也曾經「警告」我這個決定的風險，持反對意見的人認爲，小孩子一旦心玩野了，以後想收都收不回來。但我的態度始終不曾動搖，最大的原因是因爲**了解自己的孩子，也願意信任他**。**而且，我也認爲如果眞要讓孩子摔跤才會成長，那麼寧可早點讓他摔一跤**。

也有很多父母覺得孩子太小，講這些他們也不懂，就關起門來自己幫小孩全盤決定，要念什麼學校、走什麼路。關於這一點，我倒是從小就把兒子當成一個能夠「對話」的對象，不管是大事還是小事，都攤開來跟他溝通，只是對話的內容會依照他當時的心智年齡調整，盡量以他聽得懂爲主，讓他了解我的想法，也讓小孩適度參與和他相關的決定。

17 只看大考、不看小考；只准進步、不准退步

小考可以不管，但大考代表通往最後關鍵的每一步，絕對要扎實的前進，不能放鬆。既是靠自己K書考出來的成績，那麼一次一次的自我要求，絕對都有進步的空間，所以只准進步、不准退步，得需點滴累積實力。

前面提過，**孩子越小越好管教，長大之後，反而要學會放手**。小學，我要求每次分數必須達到九十五分以上。國中之後，大小考一籮筐，如果比照辦理，未免壓力太大，小孩讀得累、大人盯得也疲倦，弄不好還會破壞親子關係。

看大不看小，給準則、不給壓力

因此國中之後，我就改成看大不看小，意思是小考我不管，只管段考和模擬考等大考分數，排名也只看校內排名、不管班級排名，因為每個班級的學生程度不均，這

樣也可以避免孩子過度計較分數，影響人際關係。更何況，排名只是讓他知道自己的實力落在何處的參考數據罷了！

除此之外，最重要的一點，我規定兒子大考成績只能進步不能退步。如果達不到標準，他得說出讓我接受的理由才行。

我覺得這並不算給他壓力，只是給他準則。而且在訂定標準前，還是老規矩，我把兒子叫到前面來，讓他明白這些要求背後的原因，考慮到國中以後，恐怕都是三天一小考、五天一週考，如果每次小考都要求他不能鬆懈，發條繃太緊可能會斷，三年下來還得了？

所以小考我不管，但是大考等於是一個一個的階梯，代表通往最後關鍵的每一步，絕對要扎實地前進，不可放鬆。既是靠自己K書考出來的成績，那麼每一次的自我要求，絕對都有進步的空間，所以只准進步、不准退步，實力需點滴累積。

小考滿江紅，考驗媽媽的心臟

於是兒子就在看似輕鬆沒人管的情況下，度過國一的新鮮人階段。第一次考試成績我到今天還記得很清楚，許捷全校排名二十四名，很多朋友都替我家兒子著急，擔心他沒有擠進前十名，很快就會失去競爭力。

算一算，兒子國中三年內擠進校排前十名的次數，就只有那麼一次，而且還是掉車尾的第九名。平常小考甚至常不及格呢！我問兒子原因，得到的答案十之八九都是：「沒讀啊！」爲什麼沒讀？這時候理由就很多啦，比賽、參加活動……等等

但遊戲規則既然已經決定了，我就沒有理由不遵守。平常小考只要說得出理由，分數滿江紅，我這個媽媽都不會吭氣，頂多最後會補一句：「那……你段考自己看著辦喔！」因爲兒子非常清楚，段考、北模等大考試，媽媽的要求和標準如果達不到，到時候可是沒有任何理由能讓我買單的！

有時候老師和其他家長都忍不住緊張，但我自認心臟很「肥」，禁得起！因爲我了解自己孩子，知道他的能耐；同樣的，他也清楚媽媽的底限！絕不會輕易挑戰！

設好停損點，大膽放手！

乍聽之下，爸爸媽媽一定會懷疑這個標準的可行性，有人覺得太鬆，因爲小考不管他，大考怎麼可能會好？也有人覺得這些要求太嚴格，只能進步不能退步，會不會太強人所難？

其實開口前，我早已經在心裡悄悄盤算過，每隔一陣子的段考，萬一不理想，要追回水平並不難！設好停損點之後，做父母的就可以大膽放手！

至於「只准進步、不准退步」的標準，其實一點都不嚴苛，排名只是一個概念，代表某個範圍內的標準。事實上，我很「同情」常考第一名的小孩，因爲要一路保持且ㄍㄧㄥ在那個位置，很辛苦！所以在我的觀念裡面，前三名就等於是第一名！以此類推，依照孩子平常的表現和實力，訂出前五名、前十名、或是全班前半段……這樣的標準。PR值❶的話，只要達到一定水平，我也不會太計較分數些微的上下波動！當然！這個標準是因人而異，依據兒子過往的成績表現，給他訂下PR值的目標是九十五！這是我心裡的準則。

我信任兒子，但沒有放任他，成績不代表一切，可它絕對是檢驗讀書態度的一個指標。所以我會讓他知道，只准進步的原因，是相信他可以做到，這次做到了，下次就要努力Hold在那個水準，並且在那個點上面繼續進步。

退步的話，得要給我能夠接受的理由，沒讀書或是活動太多等等，都是藉口，絕不寬貸。因爲基測沒有第二次機會，所以**平常就要給孩子適度的壓力，而且越具體越好，不要用「盡力而爲」等空泛的說法，聽起來雖像鼓勵，但卻完全沒有準則可言！**

注❶：PR值，又稱「百分等級」，是指該次測驗所有考生總分排序後，依照人數均分成一百等分，該生大約落在第幾個等分中。簡單說，如果某考生的百分等級PR值爲九十五，表示該生分數高於該次測驗全國約百分之九十五考生。不過，每次測驗的總人數不同，每個百分等級所包含的人數也不相同。

培養不斷超越的企圖心

說來好笑，國中時他唯一進入全校排名前十名的那次，是得到第九名，這小子居然躲著不敢給我看成績，最後還是其他家長告訴我的！他一定是心想：「這下完蛋了！這樣下次怎麼辦啊？」

果然不出他自己所料，之後名次又掉下來，雖然我主要是以北模的PR值爲準，也因爲他都維持在一定的水平，而且慢慢進步！所以我並不太擔心。但「只進不退」的規矩既然訂了，我還是會找他來檢討一下，不用說，一定是沒有好好念書嘛！

有人覺得「既然家長都不介意，檢討還有必要嗎？」但我並不是眞的要教訓孩子，而是要讓他重視考試這件事情，養成檢討反省的習慣。否則進進退退，對孩子來說根本沒感覺。我會告訴他，既然有能力達到某個位置，就要努力保持，而且要有不斷超越的企圖心。

光是嘴上掛保證沒用，爲了達到嚇阻作用，我還當場給了一個最後通牒：「如果成績再退步，代表你不會自己念書，那就回到小學一年級的模式，由我來陪讀。」

聽到我這麼說，他嚇出一身冷汗，因爲孩子百分之百相信我這個媽媽，言出必行，絕對說到做到。果眞，隔了幾天，他在客廳跟同學打電話聊天時，被經過的我聽到一句：「看來我要用功一點，不然自由就沒了！」我差點脫口而出，兒子啊！這就是我要的態度。

壓力是在有鬆有緊的狀況，才能發揮功效！

壓力果然是在有鬆有緊的狀況，才能發揮功效！印象中許捷好像只有一次因爲成績退步被念一頓！之後，雖然分數高高低低，但總能維持在一定的水平。看樣子，從那次得到教訓後，兒子更懂得自己調整鬆緊，掌握念書和休閒的節奏了！我也樂得輕鬆，沒有特殊狀況的話，不會主動追問他成績的事，反正成績單再差也得拿回來簽名見人，總會知道的嘛！

比起每天盯著分數碎碎唸，我寧可跟兒子一塊看看電視笑一笑、好好吃頓飯。因爲升上國中之後，母子兩個人各忙各的，簡直像是住在同一間屋子的室友般，見面的時間少之又少！難得的親子相處時間，拿來計較分數眞的太可惜了。

不過大人雖沒嘮叨，他自己還是懂得反省，這個習慣已經內化成思考模式，兒子常會在日記、週記裡面寫著，考不好因爲假日玩太兇，星期一上課沒精神因爲放假太晚睡……次數頻繁到連老師都忍不住虧他：「怎麼這個懺悔聽起來很熟悉呢？好像每隔一段時間就會來一次！」幸好這傢伙不光只是懂得反省，懺悔後還能有所行動！

念書求進步，是孩子自己的事情

有的家長會問：「如果段考成績一直都不好呢？」我建議這時候就要回頭盯平常考試，先從週考開始，也可以先設定其中一個主科當作目標！跟孩子共同討論讀書策略，設定目標分數！營造夥伴情感。爸爸媽媽千萬別忘了，念書求進步的任務，是孩子自己的事情，家長只是協助角色。這樣親子之間的相處才不至於每天處於壓力鍋狀態，千萬別緊迫盯人，要求小孩突飛猛進！孩子會抗拒，家長自己也容易抓狂。

有人會擔心，一次盯一科，這樣會不會沒效率，怎麼應付大考啊？其實一點都不會，鎖定的範圍越小、目標越清楚，反而越容易達成。只要努力開始產生效果，孩子自然會產生進一步的動力，當父母的，絕對要有一個明確的認知，**我們要做的，是建立正確的讀書態度，是點燃孩子學習的那把火，其他的，都是孩子自己的事情**。

不懂方法的，家長就想盡辦法幫忙孩子，找出念書的方法。例如如何連結記憶？如何做筆記……等等，不想念書的孩子，就想想怎麼引起念書的興趣！假使這些都嘗試努力過了，孩子還是念不來，父母就應該調整心態。升學真的不是唯一的出路，何必一定要強迫孩子擠進大學的門呢？誰說其他的路，不能走出精采？

18 買書是大人的事，看書是小孩的事?!

自己看書對於大孩子來說，當然沒問題，但是**學齡前的孩子，確實需要大人在旁共讀**。否則孩子只是把內容草草看過，即使有記憶，也是流水帳！

我曾經跟兒子國三時的導師懺悔：「很後悔國中三年沒有多花時間陪兒子，盯他多讀點書，所以基測國文成績並不理想，高中時兒子的國文也比較弱。」當初看到他的北模分數時，差點沒昏倒！每科都是頂標，只有國文是均標以下！我替他緊張的問：「你要不要多看看國文，加強一下啊！」結果兒子回我：「不要！投資報酬率不划算！」這下我知道來不及了，但是也沒有時間補救了，語言方面的加強，確實不是三兩天就能速成的。

只交代沒驗收的教育漏洞

我常跟兒子說，國文想臨時抱佛腳絕對來不及，所以平常要養成多看書的習慣！

但是每個父母都有教育的盲點，我也不例外，太早放手也會出問題，我在國語文方面，因爲信任兒子，認爲他可以自我管理，太早放牛吃草，加上當時官司的事情占據我太多心思，所以這塊有缺失！我記得國一時，帶兒子到書店，挑了三本書，有他愛看的棒球小說、散文選讀等，交代他要自己抽空讀！看完再來買新書。

問題是交代歸交代，我沒有做到驗收的動作，這點讓兒子逮到漏洞！

一直等到國三，看到他國語文方面的成績有點落後，才問他：「那時候買的三本書，你看完了嗎？」他說：「沒有，只看了棒球小說……」原來他根本沒有好好花功夫念課外書。升上高中，他馬上發現自己在這方面落後很多！套句他自己的形容詞「中文造詣太差」，這下終於甘願找書看了！兒子急起直追，開始找一大堆翻譯小說，以及九把刀等網路作家等的課外書猛啃！我倒是不會限制他看書的類別，只挑對成績有幫助的書也有偏食之嫌，畢竟語文能力的培養，是多方面的累積，不見得非要看哪一類書才是！

搞不定應用題，回頭加強閱讀能力

因爲經營補習班，偶爾有機會到學生家裡拜訪時，看到牆上整排的故事書，媽媽總是委屈地告訴我：「我家小孩閱讀能力怎麼會有問題呢？從小我花了多少錢買故事書給他，小孩也都有乖乖的自己看啊！」我一聽，賓果！找到可能的問題所在了！在這位媽媽的認知裡面，買書是大人負責，看書是小孩的事！

對於大孩子來說，當然沒問題，但是**學齡前的孩子，需要大人在旁共讀。否則孩子只是草草看過**，即使有記憶，也是流水帳！爲什麼我會這麼說呢？因爲從事補教多年，除了自己兒子之外，我也輔導過其他許多孩子，長期觀察課後到我這兒加強的小孩，發現他們當中大部分並不是不用功，智力也沒有比別人差太多，但是考試老是考不好，不止國語數學有困難，就連社會科目都搞不定。原因是，念書只會讀死書！題目經常有看沒有懂。

就像前面提到家庭訪問的這個孩子，已經念到國中，學校考翻譯，即使每個注釋都背得滾瓜爛熟，但是翻譯還是「莫宰羊」花了半天功夫念進去的書，跑到哪兒去了呢？爲什麼會出現這樣的落差？明明每個解釋都背得清清楚楚，但是就沒辦法套回句子裡面！

這種舉一反三、文字拆解組合的能力，都是透過閱讀可以培養加強的，而且越早開始越好！因爲小時候念書是快樂的、會讓孩子期待的事情。等到長大一點，念書對小孩來說，就不好玩了！不好玩就會產生排斥、抗拒。國語不好的小孩，其他科目的表現也會受到影響，因爲無法正確理解課文，考試時，題目也常看不懂。**若孩子的數學運算沒問題，但應用問題卻搞不定，家長可能得回頭檢視並加強小孩的閱讀能力**。

把世界帶到孩子面前

缺乏閱讀力的孩子，等到長大想要補救這方面，並非不可能，但難度確實增加不少。這時候，建議爸爸媽媽不要心急，給孩子更多耐心陪伴，讓他重新對閱讀、對知識、學習產生興趣，從看報紙、好笑有趣的短文開始，慢慢帶領，從薄薄一本，再增加篇幅。千萬不要認為學校課業都念不來，哪還能把時間拿來讀「閒書」？

如果對教科書沒興趣，也別放棄，改變方向，鼓勵小孩讀想看的書。對烹飪有興趣的孩子，願意看食譜；對攝影拿手的，他會自己「啃」專業手冊。書本的魅力就是這麼神奇，它會把另一個世界帶到孩子面前！

為了把世界帶給孩子，每年迪士尼來台的表演我們都沒錯過，但是大人一起去太傷本，幾個家長湊錢讓老師帶孩子去，真是小康家庭的折衷之計。

19 第一志願的意義？有目標的盡力而為

傻媽媽花錢買單，給兒子選擇未來的自由和經驗，朋友罵我太隨性，如果堅持一點，說不定兒子就上建中了。但是我覺得，錢並沒有白花，兒子學到要爲決定付出代價。下一次，相信他會更謹愼。

剛升國中時，兒子曾經試探地問過我：「考上成功高中就行了吧？」當時我並不同意。因爲了解他的實力，也摸清楚他的心思。之所以把成功高中擺在目標，是因爲這樣他就不用太賣力。

凡事想得遠、看得遠，是我一直希望帶著孩子學習的態度和思維。我分析講道理給他聽：「考試有考運，也可能粗心，如果把目標訂在建中，『萬一』考得不理想，大不了滑到附中、甚至成功，都還可以接受的。換句話說，目標訂在『成功』，如果考差了，就不曉得會掉到哪個學校了！這樣的結果是你要的嗎？所以現階段應該是把目標設定在建中……但我覺得其實附中更適合愛玩的你。」聽完我的分析，兒子也就同意，沒再多說什麼。

非建中不念？

結果，國中畢業那年，許捷推甄分數落在師大附中，這個結果令兒子很嘔。因爲那年是單題加重計分的最後一屆，兒子不幸被老師鐵口直斷，落入最糟糕的狀況：數學、社會……都只錯一題，統統加重扣分，建中就這麼飛走了。這樣的結果讓他很懊惱。

倒是我這個媽媽，對於這個結果十分滿意。畢竟打從一開始，我跟兒子就認爲師大附中的開放校風比較適合他。當初要他訂下建中的目標，只是怕考運不好，以防萬一，所以我跟兒子講：「當初不是說好了，就算考上建中還是念附中嗎？這樣

正好啊！」可能當時因同儕影響，他突然拗起來認爲「非建中不念」。

說到底，他還是個大孩子，把建中當作第一志願苦讀，如今面對意外，還是有點難以接受。所以當他吵著繳錢念所謂的「二衝班」時，我先採取拖延戰術，除了認爲這筆錢沒必要多花；再來是眞心覺得能上附中最好不過，不需要念得這麼辛苦。於是我費盡口舌，逢人（熟朋友）就問喜歡建中生還是附中生，答案很多是附中呢！希望藉著人氣口碑，告訴兒子念附中很好！想不到他竟然回答：「我怕會在附中玩過頭！」這算是自知之明嗎？我只好回他：「不會啦！你有個兇媽媽會幫你看著……」現在回想起來，當年爲了讓附中勝出，爲娘的可眞是使出渾身解數！

學會為決定付出代價

不過，兒子不死心，每天繼續在我耳邊「盧」，爲了避免日後留下遺憾，而且小孩自己主動想念書考得更好，做父母實在沒理由反對。我投降的前提是，他得答應先到附中報到，然後利用一個星期的時間，到補習班體驗看看，再做最後決定。所以報到時畢業證書保留未交出，免得最後兩頭落空，才眞是扼腕。

到了補習班，才知道原來眉角眞不少，裡面居然還細分爲PR值九十九的二衝班、PR值九十八的二衝班……以此類推。我心想：「難道大家非擠進建中才能念書嗎？眞是太誇張了！」好不容易繳了錢，他跟班上第一名的同學結伴到補習班準備繼續衝刺，結果不出所料，衝刺了三天，兒子就回來跟我說：「算了啦！念附中就好了，同學每天第一個進補習班，念到最晚一個離開，太辛苦了。我不想念得這麼辛苦！」

這小子，居然繳錢後才「想通」，我當然不可能隨便讓他過關，反覆詢問：「確定嗎？如果眞心想念建中，就要抱著破釜沉舟的決心衝刺。」得到的答案還是：「念附中就好！」

傻媽媽花錢買單，給兒子選擇未來的自由和經驗，朋友知道後都罵我太隨性了，怎麼不堅持一點，說不定兒子就上建中了。但是我反而覺得，那筆錢並沒有白花，至少兒子學到要爲決定付出代價。下一次，相信他會更謹慎。後來念了附中，偶爾我會打趣問他：「念附中好嗎？」答案永遠只有一個：「很快樂！而且我以附中為榮！」
誰能想到這句話是出自於一個當初非建中不念的孩子口中呢！

20 想要轉出資優班？

念書不止是爲了將來上台大、政大，也是爲了豐富人生，是不是一定要留在資優班才能考上好大學？答案再清楚不過，所以我尊重孩子的選擇：退出語資班，進入普通班。

一開始，升上附中的許捷考進語文資優班，繼續他玩很大的求學生涯。參加親師座談會時，學校掛保證，能夠進入資優班的學生，非台大即政大。聽起來好像很令人放心。

不過，老實說，我們母子有點像劉姥姥進大觀園般，特別是許捷一路念公立學校，而且正常編班，對於所謂「資優班」的一些奇特現象，經常感到不可思議！在他的形容裡，班上同學都好可憐，不是爸爸當醫生，就是媽媽當醫生，這樣的小孩通常別無選擇，只有第三類組的路可以走，好慘！比較起來，我家兒子眞的念得很沒有壓力，成天瘋社團。

全台灣的第二名都集中在這裡?!

剛進語資班時，第一次考試成績，他拿了全班倒數第七名回來，說不擔心是騙人的，但我更擔心他自個兒是否能接受，所以利用用餐回來的路上跟他聊：「兒子啊！你們班的壓力應該都很大喔！因爲全台灣的第二名都集中在這裡，相信有很多人都無法接受這種排名吧！可能都得調適一下心態喔！」

想不到他的反應居然是：「媽！非常好，你講得一點都沒錯，很清楚狀況喔！我們班很多同學都被父母罵，好可憐。」眞是令人哭笑不得。後面他又補了一句：「不過你放心，我還沒開始讀書！」這小子一開口就堵住我的嘴！聽他這麼說，後頭嘮叨的話我也省下了。果然，接下來的考試，雖然他還是玩得很兇，但還不至於忘記念書的本分。

我要轉出語資班！

沒想到高一學期將結束時，有天他突然回家告訴我：「我要轉出語資班！」起初我滿意外的，追問他原因。他解釋自己不喜歡資優班的班風，因爲一路念公立學校的他，喜歡和同學搏感情，不管是運動競賽還是班際比賽，都習慣彼此團隊合作、爭取榮譽。但是到了語資班後，因為班上女同學偏多數，好不容易有體育競賽時，大家都興趣缺缺，讓他這個康樂股長面子掛不住，也倍感灰心。

還有一回是「班服事件」，占多數的女同學，在製作班服時完全漠視男生族群，未經投票表決就做出決定，愛漂亮的他嫌款式難看，對此感到憤憤不平。剛好那陣子我們有機會到西門町辦事，順道在附近逛一逛，他看到沿途許多T恤專賣店，忍不住又針對班服事件，繼續發牢騷。

一直以來，我就不曾想著把兒子教成一個「聖人」，對人或事不滿，發發牢騷、抱怨幾句話，我覺得無可厚非，人性如此，不需要介意。但是對於同一件事情耿耿於懷，持續用負面的情緒看待，我認為就是態度偏差了，有必要跟他溝通。

我提醒兒子：「這件事已成既定事實，再多的抱怨也無法改變，如果你眞的有不同的意見，當初就應該勇敢表達，積極的參與，而不是在事後放炮。現在班服都做好了，再講也沒有任何意義，反而讓班級氣氛更不好！」說完，我問兒子懂不懂這個道理，他點點頭。我繼續補充：「如果認為別人自私，自己卻不停地製造負面的聲音，難道就是合群的表現嗎？」聽完這話，總算才堵住他的不滿。

教育兒子，從來我看重的都**不止是課業表現，品格和人際關係、態度養成等更重要**。課業的能力只是基礎，將來出社會，懂得如何待人接物、表達自我更是關鍵！

不一定要留在資優班才能考上好大學

孩子越來越大，很多事情都有自己的觀點想法，父母的建議不見得聽得進去。但我認爲如果關係到價値觀、是非黑白或做人做事的道理時，絕對還是需要大人從旁提點的。

但是我會尊重他，母子的共同默契是，不管兒子要做什麼或是不要做什麼，只要可以說服我，都可以答應！綜合很多狀況，他提出的轉班理由，讓我很難反駁。的確，念書不止是爲了將來上台大、政大，也是爲了豐富人生，是不是一定要留在資優班才能考上好大學？答案再清楚不過。所以我尊重孩子的選擇：退出語資班，進入普通班。

21 選對時間，進「補」才有用！

給壓力時，要選在一些時間點，讓它更具威力，但不至於破壞親子之間的關係！而且每個成長階段，都要特別留意階段性的需求？有時候要給的是能力，有時候則是觀念！

當年許捷考上附中後，有一天到補習班來玩，熟識的阿姨問他：「Jeff！你媽媽有沒有給你壓力啊？」

他正低頭看雜誌，隨口就回答：「有！」我在旁邊一聽，心想冤枉啊！阿姨再問他：「你媽給你什麼壓力？」這下他聽清楚了，回說：「沒有！我媽沒有給我壓力。是我自己會給自己壓力，因爲如果沒考好，會覺得對不起她！」

我在旁鬆了一口氣，想著：「這就夠了，我的用心，總算兒子都懂得。」

一路看下來，我這個媽媽好像很兇！但是平常我和兒子卻可以像朋友般互動溝通，怎麼看都不像是個「嚴母」！

撇步在於，給兒子壓力時，我會選在一些時間點上面，讓它更具威力，但不至於破壞我們之間的關係！在兒子的記憶中，最經典的應該是國中時，我「威脅」他如果自己不懂得念書，我就會恢復小學那樣緊迫盯人；還說他沒辦法自我管理上網的時間，就把家裡電腦砸掉之類的話！這些話我可是和顏悅色地講給他聽，但兒子都嚇得皮皮剉，因爲他很清楚平常媽媽雖然嘻皮笑臉，但一旦開口要求，絕對是軍令如山！

而且每個成長階段，我都會特別留意應該要給孩子什麼東西？有時候要給的是能力，有時候則是觀念！

先弄懂，寫評量才有用

比方說，自己是學商的，對數字很敏感，許捷的數學成績向來不差，爲什麼到了五年級，我還是讓他開始補習數學？

因爲我看的不是一百分，而是學習數學這件事情，背後其實是孩子的邏輯思考能力以及對運算的熟悉……等等。爲了準備應付接下來難度更高的國中數學，不止應用題，還有證明題都需要更扎實的訓練，所以提前爲孩子打底，目的不是爲了多寫幾張評量，而是讓他徹底弄懂課本裡面的觀念。不同類型的數學題目、運算方式、解題的邏輯，還有這些數字代表的意義是什麼！

很多時候，孩子是因爲搞不清楚這些關係，所以不會算！**觀念是基本功，先弄懂，寫評量才有用，否則小孩很容易只是複製做法罷了**。評量寫再多，考試還是不靈光。爸爸媽媽應該花心思在這部分，許捷小學時，碰到數學問題不會寫，教完以後我會驗收，不光是嘴巴問：「懂不懂？」因爲點頭並不一定代表他眞的弄懂。爲了確認無誤，我會請兒子反過來當老師，教我如何運算，如果他可以講得清楚，代表眞的懂！

不過也要提醒家長，觀念清楚不一定直接反應在考試成績，還要加上孩子的計算能力、看題目時的閱讀能力，這些都是需要漸進累積的，千萬別過於心急，希望分數馬上有明顯起色，甚至非一百分不可！

關於運算能力，很多家長會送孩子去學心算，認爲這樣有助於數學的學習，其實不然！兒子小時候也學過一陣子珠心算課，因爲他的奶媽就是珠心算老師！但後來我並沒有讓他繼續學下去，因爲我自己也會珠心算，基本上，那只能說是一種工具，而且它的計算方法和一般數學運算的方法是不同的，甚至是顚倒的。

這麼一來，對於數學不好的小孩，豈不是容易錯亂嗎？更別說有些小孩喜歡賴皮投機，學會心算之後，就懶得一步一步的仔細運算，低年級時可以輕鬆應付考試，等到高年級題目越來越複雜，問題就來了。這幾年我經營補習班時，就常看到孩子出現類似狀況。

提高學習的高投資報酬率

小學階段除了練英、數的基本功，升國中前，想到兒子將來的歷史、地理、公民課，這些非念不可的科目，要背誦多少東西啊？爲了提高學習的報酬率，我開始動腦筋想，如何幫忙縮短孩子的學習時間，讓學習更有效率！

於是想到了速讀和記憶法，但是坊間有很多類似的補習班，要怎麼選擇呢？有一點我非常堅持，那就是任何的記憶法，前提還是要兼顧理解，否則光是背下來，知識是死的，根本沒有用！我很幸運，遍尋各家後，終於找到一位老師，因爲認同他的教學方法，所以讓兒子從小五開始，連續兩年的暑假都安排了速讀和記憶法的課程，老師從背誦數字或文字時的節奏感、再到連結圖像……各方面教孩子如何增強記憶，讓許捷學會提高念書效率的方法，我覺得很値得。

很多家長會問，花錢學會這些有沒有用？我沒辦法提出具體直接的證據，畢竟這些能力短時間內也看不到成效，可能等到國二、國三，才慢慢發揮功用。以我家兒子爲例，許捷寫考卷的速度，經常比同學足足快上一倍！同學常跟他抱怨，考試時最不喜歡坐他旁邊，壓力太大，每次首頁還沒寫完，就聽見許捷考卷翻面的聲音！這點讓他比別人多了更多時間可以回頭檢查考卷，降低粗心錯誤！雖然兒子認爲他答題的高效率跟當年學速讀沒關係，而是勤做題目的手感加上專注解題的竅門，何者爲眞？只有老天爺知道！說實話，只要能奏效，靠的是哪一種法門？我也不是那麼計較！

大家可能會好奇，小孩子對這些怎麼會有興趣學？省下的時間要幹嘛？讀書嗎？不是，我告訴兒子，好好學，學會這些，以後國中念書可以更有效率，省下的時間就可以拿來玩！他聽了好開心，上課比誰都認眞聽講呢！

課程偷跑，真的先學先贏嗎？

這裡，我要特別強調，所謂替孩子提前準備的能力，是對他日後的學習和人生有幫助的能力，並不等於是壓縮時間、提前學習，兩者大不相同。

很多補習班喜歡偷跑，趕在學校的上課進度前面授課，這點我很反對，因爲這樣會剝奪小孩上課的興趣。

原因在於，如果在校外的補習班已經先學過，等到學校上課時，孩子會不容易專心，學習態度就會出問題，這個影響更嚴重。除非有些孩子某些科目的學習比較慢，需要預習暖身。這種情況的孩子另當別論，但是一般資質的孩子，我認爲與其跟著補習班偷跑，倒不如讓小孩按照進度正常學習，其他的時間拿來參加一些好玩的課外活動、多看一些課外讀物。或是打開電視，看新聞專題、探索頻道的動物奇觀、運動節目……等等可增進知識的節目。把時間用在這些事情上，都比送去補習班領先別人念書更有意義。

不妨把眼光看得長遠，**孩子學習的路是馬拉松式的競賽，過度壓縮，反而把孩子全部的學習動機和意願都壓掉了！隨時想著可以爲孩子做些什麼，心動之後就馬上行動**。不需要擔心來不及，國小來不及、還有國中三年，國中沒補救到的、還有高中……只要態度正確，學習永遠不會來不及！

22 學測失常，收心挑戰指考奪榜首

一路陪伴，到了最後關鍵，孩子準備上場打一場硬戰時，父母最重要，也是唯一的任務，就是讓孩子的心安定下來，才能發揮出平日準備的實力！

我和兒子從來沒想過，大考的目標是榜首，前面訂下的所有標準，都是自我督促的方法，小時候是我幫忙訂標準，長大他懂得自我要求。叩關大學的最後一役，很多家長的得失心可能不亞於孩子，但比起之前費心做的種種準備，此時我的心態已經調整成「該做的事情都做好，就對得起自己和別人」！

只不過，在打完美好的一仗前面，兒子還是爬過不少障礙和泥濘，連帶一旁當啦啦隊的我，也陪著洗了一趟「三溫暖」，冒了一身汗！

高二整整一年，儘管班上同學已經有人開始爲大考做準備，兒子依舊玩得很開心，直到即將升高三時，他又丟下一句：「我要考回語資班。」

我笑著問他：「爲什麼？現在會害怕囉？想要有人盯功課啦！」

他面不改色地回答：「對！」

這就是我們母子倆經常上演的對話戲碼，很有默契，經常一句話就命中紅心。小時候是我略勝一籌，長大之後，兒子的功力也不遑多讓。

想考就考吧！我也不管他準備的如何，直到過一陣子，眼看就要開學了，忍不住問兒子：「咦？許小捷！你不是要考語資班嗎？」他又是一句：「不考了！」問他原因，得到這樣的解釋：「我跟班導師談過了，老師說他相信我，以他帶學生這麼多年的經驗，我只是還沒有開始讀書而已，靠自己念也可以的。所以我不考語資班了，留在原班就好。」

如此反反覆覆，可能很多家長都會覺得，這代表小孩自己還無法清楚判斷選擇。我的想法卻正好相反，**年輕才有犯錯的本錢，態度反覆，代表兒子不斷在思考自己的未來，一直在調整自己的策略**。我還是選擇相信他，尊重他的決定。

懂得思考自己的未來，自己要走的路，比什麼都來得有意義。更重要的是，這是他自己做的決定，他要爲自己的決定負責，而不是父母幫忙做決定，然後一輩子幫孩子背責任。將來如果他不滿意腳下的路，是要回頭怪別人，還是怪自己？

我真的知道自己在幹嘛！

下定決心留在原班後，我還記得五二〇剛過，他居然又開口要求，要去補習全科班，我一聽心裡一把火，想說不會又舊事重演吧？打聽之後，不得了！如果說國中的補習費令人咋舌，那麼高中的補習費簡直是高得嚇人。經濟狀況不比當年的我，對這筆支出感到很爲難，一方面是補習費不是小數目，另一方面是認爲兒子可以自己念。本來說什麼我也不同意報名，後來經一位律師朋友提點：「報名費就當給你兒子買個安心吧！」想想覺得有道理，我才點頭。

繳錢之後，準備升高三的暑假，兒子每天早起，不是到補習班念書，而是爲了開學後即將舉行的社團成果發表會，他不但擔任幹部，整天忙東忙西，暑假期間還得天天早起到中正紀念堂搶位子練舞。

我呢？則是一天到晚收到補習班發來的簡訊，提醒家長要叮嚀孩子上課，感覺很嘔。當初原本就反對他報名，認爲沒有這個必要，但兒子堅持要去補全科，爲了幫他買個心安，所以咬著牙付錢。想不到錢繳了他愛上不上，這種不負責任的態度讓我很感冒。花了一大筆錢，他居然這麼不當一回事，這點是我不能接受的態度。

學測之後，他又沒到補習班，某天我忍不住把兒子叫到面前，詢問他沒去補習的原因，他居然跟我說：「進全科班一待就是整天，已經幫我做到迅速收心，還給了很多有用的資料，我覺得去幾次就差不多了，接下來我想自己念！」哇！這小子居然給出這種理由，問題是原本繳費進全科班應該不是「只」爲了收心和拿資料吧？當下還是很痛，白花了一大筆錢，但是大考在即，我還是忍著沒有發作，維持一貫作法，讓兒子自己決定怎麼念書。

憋了一陣子，有天見他又沒去圖書館，還是多念了他幾句，結果兒子用簡訊回我：「我眞的知道我在幹嘛！雖然感覺我都在玩樂睡覺，但最近一次模考還是第三名，你知道我還在練畢舞，相信我吧，我不是小孩子了！」

看完簡訊的告白，我選擇……相信兒子，之後再也沒吭氣，讓他自己決定念書的節奏。其他家長可能會覺得我太大膽了，但我的想法是，選擇先相信他，如果相信他的結果是錯的，比方接下來的模擬考成績無法見人，我才有立場罵他，到時候孩子也沒話反駁。幸好兒子眞的說到做到，接下來幾次的模考表現都不惡，所以補習班的課，我也不再要求他一定得去上完，雖然想到一大筆錢白白浪費，內心還是在淌血。

學測失常，挑戰指考

學測之前，兒子還先給我打預防針，告訴我不要指望他學測能考上好學校。因爲第一類組的他平常在學校沒有上理化，考學測比較吃虧，不像第三類組占優勢，釋放的名額也比較多。看來玩歸玩，他倒是做足功課，對情勢有自知之明。

果然成績出爐，只申請到政大法律，他不滿意，決定繼續衝刺挑戰指考。

雖然我沒有給兒子非台大不可的壓力，但我相信挑戰指考，對兒子來說，是只能成功不許失敗的一仗，壓力不小。我常說「心神不寧難辦事」，就像前面提到報名全科補習班是給兒子買安心，跟許多家長一樣，大考前我也帶著兒子去文昌廟拜拜，讓他心安。一路陪伴，到了最後關鍵，孩子準備上場打一場硬戰時，父母最重要，也是唯一的任務，就是讓孩子的心安定下來，才能發揮出平日準備的實力！

記得指考第一天，我送便當到考場給兒子，他還跟我講：「考得不太好耶！有點不順。如果怎樣……我一定……」

聽了之後，我就跟他說：「你太緊張了吧？」

「嗯！可能是吧！」兒子有點沮喪地低頭回應。

我說：「沒關係啦！反正只要考上國立大學都不錯。考過的就算了，你就放輕鬆吧！」

其他父母可能會想：「沒關係！下一科考好就行了！」或是「下午好好考」「明天考好就行……」這話說是安慰，其實孩子聽了可能壓力更大，因爲會擔心如果還是考壞了怎麼辦？

我認爲世界上最了解自己孩子的人就是父母，所以爲人父母更要理智且清楚地看待自己的孩子。**遇到狀況時，要懂得判斷是面子問題還是情緒問題**。我知道兒子心情緊張，這時候唯一能讓他不緊張的方式就是完全鬆綁！所以我才會說，國立大學都OK啦！因爲照他的實力，跨過這個門檻的難度並不高。

別以爲我是講場面話，事實上，我是眞心認爲差距不大！就像當年要求他把建中當目標，但附中才是我眞正要的。台大考不上，政大或是其他國立大學也很好啊！

很多時候，心情放開，結果也會很美好！大考放榜，結果出乎我們母子的預料。全國第一類組榜首，這個不曾想像過的頭銜，就這麼掉在我們家，落在兒子的頭上！

23 為五斗米折腰的學習動機

讀書不是爲別人讀，而是爲自己讀，這個簡單的道理，就是我一直以來希望教孩子的，讓他懂得爲自己將來的出路打算。想要在社會生存，他必須具備哪些能力和條件，才能做自己想做的事，過自己想過的生活。

我家兒子很妙，平常玩得比誰都瘋，但是碰到大考當頭，還是很在乎表現。高三那年，有天在陪我回家的路上，他突然冒出一句：「我考政大就可以了吧！一定要念台大嗎？」

不像當年考高中時，他問我：「考『成功』就好了吧？一定要念『建中』嗎？」我回答他以第一志願爲努力目標！這次，我把答案丟回去給他自己！

「大學是基本教育的階段，也是邁向下一步人生的前哨站，你應該可以自己決定方向了！也就是說，你應該是看科系才決定選校吧！」

其他父母不免會想：「怎麼不給他一點壓力或指引呢？難道不怕他就此鬆懈

嗎？」說實話，我還眞的不擔心，不管是台大、政大還是其他學府，我知道兒子自己很清楚他的目標，他不敢輕忽、也不會糊弄自己的人生，所以我就等，等他自己想念書就會念，即使眞的不想好好念，也不是我的責任啊！畢竟我該給他的都給了，該做的也做了！

讀書是為了在社會生存

彷彿是要把高三那年沒玩到的統統補回來，兒子大學指考結束的暑假，簡直玩瘋了！先是參加智慧鐵人競賽，接著下高雄看爺爺奶奶，回來後就到宜蘭玩，緊接著我們母子還下墾丁學潛水，然後回台北後再到花蓮住民宿！整個暑假台灣頭玩到台灣尾好幾遍！

台大很特別，居然有辦理新生家長座談會，這點似乎很少見。參加之後，我才知道現在競爭激烈的程度，企業會從校園開始挖人才，包括在校生打工以及畢業生就業，原因是越來越多企業應徵新人時，發現現在的年輕人「演很大」，意思是面試時說得很好聽，但眞正錄取後，發現根本是花拳繡腿。所以業界開始直接深入校園徵才，包括外商和本土大公司都如此，透過更嚴謹的篩選，像是在校成績、教授推薦等等，找到更優秀的人才。

回來跟兒子分享後，提醒他必須從大一、大二就好好念書。沒想到許捷的反應是，這些資訊他已經知道了，大一或大二成績表現優異的人，知名企業就會早早進來卡位搶人才。

我心想：「喔！原來你知道啊！」看來玩了一個暑假的他，在踏進台大校門前，也已做足功課了呢！這樣我就放心了，知道不需要在這方面叮嚀太多，他自己懂得留意做好準備。

這次爲了出書和很多家長分享關於小孩的事情，我開始思考自己過去教育兒子的作法，有天逮到空檔探頭進房間問許捷：「爲什麼你要讀書呀？」正在忙著打電動的兒子，回答得很簡潔：「爲什麼？應付社會啊！不然誰會喜歡整天拚命K書？」感覺像是希望趕緊把我打發，我不死心再追問：「應付社會？你的意思是，讀書以後才可以在社會生存，過好日子嗎？」他回得更絕了：「對啊！不然咧？」這下我才滿意地離開，不打擾他沉浸在電動的世界裡面。

讀書不是爲別人讀，而是爲自己讀，這個簡單的道理，就是我一直以來希望教孩子的，讓他懂得爲自己將來的出路打算。想要在社會生存，他必須具備哪些能力和條件，才能做自己想做的事，過自己想過的生活。

知道怎樣餵飽自己，以後才有機會照顧別人

從小，偶爾母子倆開心享用大餐時，我會突然來一句：「你知道媽媽每個月要花多少錢養你嗎？」他會掐指算算，然後認真的回答我多少錢！答案通常與眞實相距不遠，他非常清楚自己的學費、補習費、生活費大概是多少！因爲我向來都不把這些教養孩子的開銷當秘密，相反的，我會適時讓孩子知道，學習是要付出代價的，不管是金錢、時間還是努力，沒有付出就不會有收穫。

接下來的問題就更直接了，我會問兒子：「那你以後有沒有辦法賺到這樣的錢養你自己？」

有人覺得我這個媽媽很殘酷，這麼小就讓孩子接觸這些現實的問題。但我的想法恰好相反，從小就應該讓孩子知道，要過好日子，就必須要靠自己，要有本事才辦得到！

所以我會常常問：「你想過自己有什麼本事呢？將來要靠什麼養自己？」

國中之後，開始面對升學競爭時，我也會經常灌輸他一個觀念：「不要跟同學計較眼前的排名誰高誰低。因爲以後你的競爭對手不止在台灣，而是兩岸三地，甚至全世界。」

或許有人不以爲然，認爲這樣教孩子太現實了，但是我希望他擁有力量，可以幫

助自己和幫助別人的力量。與其告訴孩子救人濟世的大道理，看看當前很多口若懸河的政治家、理想主義者，身爲老百姓的我，還是寧可務實一點，給孩子一把釣竿，教會他怎麼釣魚，才能餵飽自己，行有餘力不忘照顧別人。

成績好的人不見得是成功的人，但成功者一定要有好的態度和人生觀！追求卓越和頂尖的關鍵在態度，我要求的正是態度，考試科目拿不了高分能不能在社會生存？可以！任何一行都是學問，只要態度正確，做任何事情都可以表現得出色成功！

但對於不愛念書的孩子，我還是會鼓勵他們認眞上課，國語、數學……這些基本學科，仍然有學習的必要，打好基本功，以後即使不準備升學考高中、大學，投入技職學校也會派上用場。

第三章

孩子，將來你想過什麼樣的人生？

任何新事物我都鼓勵孩子試，而且我規定他在嘗試之前沒資格說NO，因為都還沒有試過，怎麼知道自己會不喜歡？開明的父母並非事事順從孩子，而是在給孩子方向和協助選擇，把孩子，帶到世界面前。

24 求知就是先滿足好奇，再來驗收成果

教養的起點，當初只是很單純的希望他感興趣的部分被滿足，想了解的地方就能得到解答，哪怕是只有一點點都值得！

許捷還不滿兩歲前，我常推著娃娃車帶他到市場買菜，沿途看到各式車輛，他都會留意它們的ＬＯＧＯ，而且記憶力超好，簡直是過目不忘。那陣子每天回家之後，兒子就央求我畫汽車的商標給他，他講賓士，我就要畫賓士；他說福斯，我就得畫福斯，差點沒把我逼瘋！但他小子樂得很，天天得畫，路上只要看到汽車廣告就興奮得不得了。

後來我索性花錢買了一本汽車雜誌回來，讓他看個過癮。我不是因爲孩子吵著要，懶得應付他才花錢買雜誌了事，而是覺得他有興趣的東西，代表他可以吸收學習，只要能夠滿足他的好奇，畫圖、買書花的時間和金錢都很值得！

感興趣的部分被滿足，想了解的地方得到解答！

我常覺得孩子像海綿，求知的慾望非常強烈，當他對事物感產生興趣時，大人如果懂得滿足他的好奇，絕對可以被大量地吸收。

所以兒子才九個月大，就開始玩「翻書遊戲」，我會刻意找適合嬰幼兒翻看的童書，通常書本比較厚，不容易割傷孩子，這點也是我會很注意的。**放手讓孩子探索、嘗試，前提是大人要做好保護措施**。

偶爾我會試著念給他聽，但大部分的時候，我是放任他去「玩書」，隨他把書本顛倒翻轉都不干涉，我自己則在一旁看書。這是我們母子共讀的模式：安靜地，各讀各的書。看不懂沒關係，我只是單純地想要滿足這個階段孩子對觸摸的需求，讓他專注的體驗「閱讀」這回事。

等到長大一點，才開始買故事書或是其他知識性的書籍。記得許捷念全美幼稚園時，學校老師帶小朋友到天文館，問孩子們知不知道九大行星？（西元二〇〇六年，冥王星因爲條件不符被除名，故太陽系現只剩下八大行星。）一般人可能很難一一道來，但當時我家兒子不但如數家珍，而且講的全是英文名稱！事後老師跟我提起這事，還覺得非常不可思議！問我在家是怎麼教的？

我並沒有刻意教過他，只是曾經買回一本原文書，內容介紹宇宙天文，包括太陽系裡面的行星、衛星……等等。老實說，裡面的英文挺艱深的，當時我不認為才念小班的兒子能懂多少，所以在書店看他挑了那本書時，我還特別問他：「你要買這本書做什麼？」他回答：「我想看看每個行星裡面有什麼！」雖然原文書的價錢並不便宜，但為了滿足他對行星的好奇，他有興趣，我就買回來讓他翻個過癮。

才讀幼稚園小班的兒子，能夠知道太陽系裡的行星有哪些，看到月球、太陽表面長得什麼模樣……即使他只是看圖片，我也覺得夠了！老實說，我從沒奢望買回來一本天文書，兒子就變成天文學家，而且壓根兒也沒期待他能從頭到尾讀完那本原文書，弄懂全部的內容。只是很單純的希望他感興趣的部分被滿足，想了解的地方得到解答！

與其「呷快弄破碗」，拚命逼他吸收，搞壞孩子學習的胃口，我寧願相信，將來如果有機會，他會延續著原有的基礎，繼續建構相關知識的鷹架。

滿足孩子不一定要花錢

不過大家別以為滿足孩子一定要花錢，書報雜誌都可以透過圖書館租借。我自己是因為上班沒時間經常到圖書館借還書，所以常會利用各大書展，而且還刻意選在最後一天，搶折扣超低的好康，一口氣搬回好幾大袋的圖書回來，讓兒子慢慢看！

家中長輩對我買書的大手筆，有時候難免有微詞，但是我認爲只要負擔得起，有何不可？而且這些故事書不止兒子喜歡看，我自己也愛不釋手。所以我不管別人怎麼說，照買不誤！

有些爸爸媽媽會說，我家小孩每次吵著要買什麼東西的時候，理由也是講得冠冕堂皇，他有興趣研究什麼、她喜歡看什麼……結果花大錢買回家之後，孩子只維持三分鐘熱度，大人錢花得心疼之餘，也把怒氣歸到孩子身上，下次碰到同樣的情況，再也不上當了。

建議這樣的情況，**家長可以和孩子約定「驗收」的方法**，這個意思不是讓大人考小孩讀多少？懂多

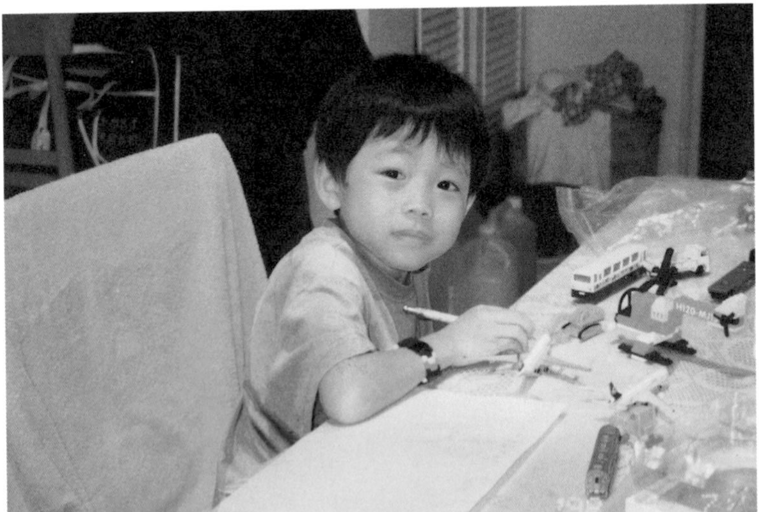

許捷有了飛機和汽車小玩具後，甚至開始設計起機場和停車場。一旦啓動孩子的熱忱，他會用源源不斷的創意回饋你！

少？而是爸爸媽媽可以用輕鬆或遊戲式的做法，鼓勵孩子善用花錢買回來的書本或玩具。比方說，請孩子講書裡面的故事給大人聽，或是家長自己也花時間看看書裡面的內容，然後跟孩子討論劇情，相信他們會很樂意跟父母分享自己的閱讀心得，也會對閱讀產生更大的動機。

一旦啓動孩子學習的熱忱，就不擔心他們不愛念書了，反而要擔心他們看書時間太長影響視力健康呢！許捷就是這樣的孩子，從小只要對某件事情產生興趣，就會一頭鑽進去研究。念幼稚園時，學校教世界各國的國家和首都，像是美國華盛頓、日本東京……等等，課堂上老師只是舉了幾個國家，但他卻會好奇地想知道還有哪些？回家後吵著想學，我就教他翻字典的附錄，裡面盡是各個國家的介紹。

只見他如獲至寶般，看得欲罷不能，半夜不睡覺，被我催著上床：「許小捷！你看太久囉，眼睛會壞掉，趕快去睡覺。」他還捨不得放下手上厚厚的美語字典呢！

25 量入為出，花錢並不是罪惡

賺錢本來就是拿來過好生活的，享受不是壞事，但不需要打腫臉充胖子，有多少錢就過怎麼樣的生活。活在當下，這是一種生活的態度。

在經濟還沒出問題之前，只要能力所及，我都盡量滿足兒子各方面的需求。但在給孩子吃好、穿好的同時，我也會擔心他迷失在名牌的虛榮裡面，過度追求物質享受，所以三不五時會潑冷水告訴兒子：「今天我們這樣吃香喝辣，是因爲你運氣好！我不一定永遠能賺錢！今天擁有的，可能明天就沒有了。」

當然這話並不是餐餐配飯講，這樣未免矯情而且掃興！印象中，我跟他提過一、兩次，知道他有聽進去，這樣就夠了。

耳濡目染之下，兒子懂得花錢並不是罪惡！**平常要量入為出，但偶爾有額外的收入時，不妨拿一部分來犒賞自己，這樣才是過生活**！

看他平常的行為表現就知道一二。比方說，小學畢業前家裡收入都還算不錯，兒子愛吃牛排，我也不會吝嗇，有機會就帶他到知名的牛排館享用大餐，把它當成生活中的犒賞。但是學校同學聚餐，大家約在平價牛排店，他也能樂在其中，回到家，從來不曾聽他抱怨餐點如何如何。相反的，他跟我分享的都是聚餐時同學講的笑話，發生什麼好玩的事情。

他如果跟我出門吃飯，會點好料的，有時候可能價錢貴一點！但若換做其他長輩請客或朋友相約聚餐，他會點便宜的。

我一直從旁留心觀察，兒子對於應對進退的「眉角」，到目前為止，食衣住行育樂各方面，他掌握得都還可以！並沒有因為從小我捨得花錢讓他「吃好穿好」就養成非名牌不穿、非名牌不用、非名店不吃的驕氣。

凡事都會想到最好和最壞！

同樣的，離婚後碰上財務發生問題時，我也會跟兒子談，以後要節省一點，可能沒辦法像以前那樣，動不動就上館子吃大餐、想買什麼就買！這些話早在寬裕的日子裡就掛在嘴邊，只是版本不同罷了，以前有錢時講的是：「現在我們擁有的，不見得以後都能繼續擁有！」

有些家長會認爲大人的事情不需要讓孩子知道太多，家裡缺錢不想讓小孩知道，咬著牙硬撐，失業也不敢讓小孩知道，怕影響他們。其實大人眞的不要把小孩當成小孩，衆多事情只要把它轉化成孩子可以懂的語言，還是能夠讓他分享，孩子更能產生對家庭的向心力，對父母的處境有更多的體會，也會更珍惜爸爸媽媽的辛苦付出。

像是我家兒子對於家裡的狀況就很清楚，也很能體諒。懂事的他，剛上高中想進吉他社，但是考量到家裡經濟狀況，所以遲遲不敢跟我開口！等我知道之後，我帶他去買吉他：「只要學校要用的東西，媽媽就算去借錢，都會買給你！這筆錢對我來說是小錢，我財務出問題，缺的是大錢！所以這種錢你不用幫我省！跟學習、讀書有關的事情，都可以開口商量。」

買了吉他之後，因爲前面的課都沒上，得另找吉他老師教，又是一筆費用！我答應幫他找家教，但是他卻拖延沒進行，大概是不想再讓我花錢在這件事情上，所以就改加入熱舞社！

該省的省下，那麼該花的地方呢？記得台大剛開學，他想買書，很多同學都是買二手書，但是他不想。這時候他會打電話給我：「媽！同學很多是買二手書，但我想買新書，可不可以？因爲別人用過的書，上面會有些筆記，我不習慣！」

兒子知道買新書比較貴，擔心增加我的負擔，但是他眞的不想用二手書，像這樣的情況，他會尊重我，先跟我商量。換做我自己，也不喜歡看別人用過的書，這是個人的習慣問題，所以我能體諒兒子這方面的需求。而且從另一角度看，正因爲他看重上課學習這件事，才會想要擁有屬於自己的書，我覺得合理，即使貴了一點，我還是會答應他。

在我的觀念裡面，賺錢本來就是拿來過好生活的，享受不是壞事，但不需要打腫臉充胖子，有多少錢就過怎麼樣的生活，收入多的時候，不妨對自己好一點，即使看在別人眼裡是浪費，但無所謂。我甚至還會跟兒子說：「誰知道明天會發生什麼事？說不定就『拜拜』了！賺再多錢都來不及花，所以我們要活在當下，這是一種生活的態度。」

不過我會讓他知道，該花的錢，就應該花，不該花的，就要省。這似乎是我的思考慣性，凡事都會想到最好和最壞！不是建議大家整天窮緊張、杞人憂天，但某種程度的憂患意識是必要的，我認爲那是生活中的「安全氣囊」，有備無患。

26 在讚美聲中學會謙遜

在心裡告訴自己：「我很棒！」我認爲這才是自信心的養成。眞正的自信是來自於自我的認同，知道自己很棒，而不是旁人整天掛在嘴上誇「你很棒！」

我跟兒子之間的對話很直白，比方我常會向他說：「小時了了，大未必佳！」這話從他念幼稚園開始，我就掛在嘴邊，國中、高中，甚至意外獲得榜首的虛名，考上了最高學府——台大，我還是常常講。

真正的自信是來自於自我的認同

光是端出「古人說……」沒意思，我還會舉自己的例子加深印象。當年好歹也是小學前幾名畢業的，但學習路上，並沒有一路保持領先！爲什麼沒有？我告訴兒子：「因爲阿嬤太信任我，可是我畢竟只是一個學生，自制力不夠，所以阿嬤的信任變成縱容，讓我在課業學習上面，沒辦法督促自己。」

記取教訓，我告訴兒子：「我也會給你信任，但我會在旁邊監督，包括功課和生活常規。」

因爲覺得兒子得到的讚美已經夠多了！但是「小小孩」該怎麼教才能避免養成驕氣？我的方法很簡單：從小規定他，不准從自己嘴巴說出「我很棒！」的話！我跟兒子講，自誇是臭屁，容易養成驕傲的氣息。但是他要在心裡告訴自己：「我很棒！」我認爲這才是自信心的養成。眞正的自信是來自於自我的認同，知道自己很棒，而不是旁人整天掛在嘴上誇：「你很棒！」

我在別人面前也是平常心，既不會刻意誇獎兒子說「你很棒」，也不會矯情地「貶抑」他，說什麼「我家孩子很笨、什麼都不會」之類的話，很多父母以爲這樣是教孩子懂得謙虛！但我認爲不必要，甚至適得其反。

「高標準、冷處理」，自然而然的接受挑戰

小時候的許捷好勝心強，對於比賽名次的得失心也很重。記得在某次幼稚園舉行的找字母比賽中，他拿了第二名回來也哭，抱怨不公平，因爲字卡離第一名的小朋友比較近，而離他比較遠，所以才變第二名……

看到他如此斤斤計較輸贏，我心想：「完蛋了，這還得了！」

當時他年紀小，我還是口頭上鼓勵兒子：「第二名就很好了！」但隔天馬上到學校跟老師溝通，不是幫兒子去抗議，而是認爲許捷抗壓能力需要加強。希望學校老師多給挫折感，課堂上給他的任務和問題，不妨難度稍微提高一點，多遭遇幾次失敗，才能學會面對。否則周遭的人不斷給他掌聲讚美，反而讓兒子無法面對失敗。

這樣會不會「打擊」孩子的自信呢？我認爲還不至於，因爲了解自己孩子，知道他一路表現優秀，反而挫折忍受力變低，所以採取高標準、冷處理，讓他自然而然的接受挑戰。

記得國小時，月考前鄰居孩子到家裡一塊複習功課，我要求許捷必須考九十五分，理由在前面的章節已經提過。但是另一個孩子，我的要求是八十五分，對方也是我從小看到大的孩子，因爲了解他的學習狀況，他很清楚我訂下標準的原因，八十五分也是他必須全力以赴才能達到的目標。表面上雖然訂定的目標分數有差別，但我要求孩子盡全力的原則不變，加上雙方家人間深厚情誼的基礎，所以並不擔心那個孩子的心理受傷或家長反彈。

反倒是兒子覺得不公平，頻頻抱怨。於是趁著只有我們母子的場合，我半開玩笑地安撫他說：「因爲你比較聰明啊！」

結果這小子居然回我一句：「幹嘛把我生得這麼聰明啊？」

該嚴格要求的標準還是不會放鬆的！後來長大點，我還曾拿這事虧他：「你會怪媽媽把你生得太聰明嗎？」這下換他自己覺得不好意思了，直說：「不會啦！小時候不懂事！我不是這個意思啦！」

相信他有能力可以做到！

一直以來，我都知道許捷的個性是那種絕不會把自己累死的人！所以雖然老師常誇我家兒子聰明，但國小、國中，他從沒拿過市長獎或是得過什麼驚人的頭銜，我也不覺得有什麼不好！因爲我很清楚他並沒有一直很努力念書，平常時候花在玩樂方面的時間絕對多過念書的時間，但我知道他該具備的能力和態度都有，所以並不擔心。我相信等到他自己知道要用功時，就有能力可以做到！

而且兒子對於自己的斤兩多少，有一定程度的自知之明。記得兒子最後一次考北模時，考了第十名，我誇他很棒時，他居然回我：「我知道我很棒啊！但我不想讓人家知道我很棒！」他個性就是不喜歡出風頭，我聽了還故意虧他：「你跩什麼跩啊？你前面還有九個人耶！」

考上榜首也是，消息公布後，因爲他人在南部看爺爺奶奶，所以獨自面對蜂擁而至的記者群，經歷過媒體窮追猛打的驚人攻勢後，他從南部搭高鐵回台北時，我去接他。一見面他就發牢騷：「吼！早知道考第二名就好了！」

驕兵必敗！我常在旁提醒兒子這句話。大考幸運拿下榜首後，更是不時告訴兒子：「不要顯露驕氣！」那陣子看他被媒體追著跑，壓力有點大，我也會跟他講：「榜首的意外就像是得到一個獎狀，但日子還是要繼續往前走，不需要背著這個光環。」

不過低調過頭，也讓兒子臉皮越來越薄。考完後，我跟兒子開玩笑：「你的榜首借我『消費』一下喔！幫媽媽宣傳一下補習班！」體貼的他回說：「你愛怎麼用就怎麼用吧！」

隔沒多久，有天他到補習班看到紅布條，上面寫著大大的字：「賀許捷……」當場尷尬地大叫：「太誇張了啦！做這個幹嘛，以後我不要來了！」

27 過程比結果更重要的競賽經驗

眞實的人生中，有時候成功或失敗的成本和代價都非常高，但是透過一場競賽，他得到這麼多的領悟，我覺得非常值得！

在孩子的成長過程中，最好能夠多經歷幾次戲劇化的比賽過程，將來人生路上，即使碰上任何的逆境挫折，相信他都會有勇氣面對，絕不輕言放棄！

第一次嘗到挫敗的滋味

許捷從幼稚園大班開始，英文課都超齡地跟著高年級的孩子一塊進行，因爲理解力的落差，難免自覺比人家差一等。但事實上，他的表現一路都讓老師驚豔！

小學時，許捷第一次參加正式的英文拼字比賽就得到北區第一名，比起第二名整整快了一分鐘，連評審都對於他的速度訝異不已！

不過「驕兵必敗」，初賽結束後，我並沒有刻意出手管他，只在旁悄悄觀察，感覺兒子初賽時的謹愼緊張，似乎因爲拿到滿分而放鬆。到了複賽當天，在前往會場的路上我忍不住問他，要不要翻翻字典啊？因爲主辦單位賽前已經給了大範圍，題目統統都在某本字典裡面！

兒子很瀟灑地說：「不用！」

我心想：「OK！你說不用就算了！」爲什麼不像其他比賽會場看見的父母，拿著字典拚命考小孩？不是我覺得兒子沒問題，而是認爲要不要做準備是他的責任！終於等到決賽登場，採淘汰制，一輪沒答對就出局，眼看參賽者越來越少。戰況激烈，過了幾輪後，原本信心滿滿的許捷，也被判落敗出局了！

下台後，他眼眶泛紅，雖然這不是他第一次參加比賽沒得名次，但應該是第一次嘗到挫敗的滋味。反而是主辦單位的負責人跑來安慰我們，一位政大的英文教授賽後還特地過來找我們，並鼓勵兒子：「很不簡單！眞的很厲害！」

步出會場，他語帶哽咽地跟我抱怨：「不公平！太不公平了！考我都是長的單字，太長了很難……」

我回他：「許小捷，媽媽剛才叫你翻字典多看，你都不願意，interesting（興趣）這個字連媽媽英文這麼『遜』的人都會拼，你拼錯還能怪誰？」聽我這麼一說，自知理虧的他才停止抱怨。當場不忍心再在他的傷口上灑鹽，晚上回到家，逮住機會我還是跟兒子提醒：「媽媽並不是認爲在比賽前多翻幾遍字典，多看幾個單字，就可以拿第一。關鍵在於態度，對於參加比賽是不是做了準備？還有不到最後關頭都不放棄的精神。我真正不高興的原因是，**你因爲初賽的滿分變得驕傲，態度不對了，結果自然不會好。**」

後來在小學的週記作文裡頭，兒子好幾次都提到那次的經驗。老實講，我滿意外他耿耿於懷，記在心裡這麼久！但也覺得很慶幸，那次的失敗經驗讓他得到了很大的教訓：

許小捷 週記 九十四年三月六日 星期日 天氣 寫於六年級下學期

《難忘的一幕》

如果把我的過去，像錄影帶一樣的播放，那我想，它會是一捲很精采的影片，如果要問：影像最清晰、聲音最完美的是那一段？我深信，一定是參加英語拼字比賽。

那年，我還是一位中年級學生，還是無憂無慮，不知天高地厚的小朋友。某日，當我回到家中，母親便跟我說，她已幫我報名參加英文競賽。那是一場全國的競賽，沒有參加過任何大型考試的我，聽完了母親的述說，也沒有太大的感覺。但是，說也奇怪，當考試的日子逼近時，那種無法言喻的緊張，也襲上了心頭。漸漸地，在考試前幾日，我開始「主動」的拿起書本，「主動」的背起書來。日子越接近，我便越緊張；越緊張，我便越晚休息。直到考試的前一日，母親走到我書桌前，關掉電燈，說：「別念了，早點休息，去睡覺吧！」我可感受到母親的心疼；也感受母親的矛盾。於是，那日，便成為我這幾天，最早闔眼的一天——晚上十點。

到了公布成績的那天，我很幸運的以北市前十名的成績，通過預賽，進入複賽。聽了這個佳音，我雀躍不已，我很開心、很激動，並且告訴自己：「我要放鬆、要玩、要瘋，我要將前幾天沒玩的，一古腦兒統統補回。」那幾天，我完完全全將複賽拋到腦後。母親很擔心，卻不發一語，只是適時的督促我。就這樣，複賽的日子到了，我再度踏入戰場，跟前次不同的是——我沒準備。果然，我輸了。

頒獎時，我到場了，在台下的我，非常傷心，非常後悔，我盡力的忍住淚水，母親看到了，只是摸摸我的頭，望著台上。回到家，我忍不住了，躲到棉被中放聲的哭，母親來安慰我，我對母親說：「我令你失望了，對吧？」母親回答說：「沒有，我反而很高興，因為這次的失敗，讓你懂得後悔，讓你知道，天有多大！我也相信你會站起來，你長大了！」

難忘的經驗，每個人都有。有的甜美、有的苦澀，生命不正是由這些回憶拼湊起來的嗎？不同的是，有的人在經驗中成長，人生也段落分明；有的人在經驗中虛度，人生也乏善可陳。經歷了那次失敗，如今的我，重新站了起來，再也不敢小覷任何一人、任何一件事。面對未來的挑戰，如果我可以謙卑面對；如果我可以勇敢的站了起來；如果我可以很努力、很用心，我都得感謝那次的失敗，以及在背後比我更努力的母親。

競賽場上的逆轉勝

還有一次球場上的逆轉勝，也是兒子求學過程裡面的難忘經驗：

許小捷 週記 寫於八年級第一學期

《一場難忘的比賽》

人的一生中總有許多競賽，而在競賽中獲獎固然很美好，但是會在心中留下回憶的，往往是努力的經過，而非結果，八年級的排球比賽，正是個令大家都難忘的比賽。

當體育股長接到通知時，大家都對此事愛理不理，別說是選強的選手，甚至連湊足上場的十二個人都有困難。直到某次的體育課，有其他班級邀請我們練習，為了班級面子，才找齊選手，雖然落敗，可是卻激起了班上的榮譽心。

經過那場比賽，由於時間所剩不多，所以得找時間加緊練習，於是大家就敲定早上六點來練！來的不止我們班呢！就這樣每天練，直到第一場預賽前夕……

預賽當天終於到來，由於本班未贏過任何一場團體比賽，所以大家抱著「盡力就好」的心態打，更何況想贏呢？但是結果卻出乎意料，我們贏了！

經過前一場比賽，選手的自信心及班上的團結力終於出現了，再加上我們籤運甚佳，贏了就等於進四強了。但由於賽程緊密，所以一刻都不得馬虎，雖然在下一場比賽不幸落敗，但是大家還是積極地準備季軍戰，總希望可以拿回一面錦旗。

那天終於來了，在比賽開始前，大家都抱著必勝的決心，女生組毫不意外地獲勝；但男生組這邊卻呈現拉鋸，直到劉××扣出那強而有力的殺球，將氣勢帶到最高點，便勢如破竹地拿下勝利，全班進入沸騰狀態，高興極了！

從沒人要參加，到爭著要上場；從一盤散沙，到一顆團結的心，這面錦旗是我上國中的第一面團體榮譽，意義非凡。這次比賽的結果固然很美好，但真正令我難忘的，卻是大家一起奮鬥、努力的經過，那才是最珍貴的回憶！

我常會想，如果類似的狀況是發生在職場中，承受的壓力和痛苦可能是一場比賽的千百倍。**眞實的人生中，有時成功或失敗的代價都太高了，但是透過一場競賽，他能得到這麼多的領悟，我覺得非常值得！**

所以兒子花很多時間在社團活動、練習競賽等方面，我從不反對。因爲他正在學習教科書之外的學問，像是團隊合作、榮譽感的建立、學習人際溝通、整合資源等的能力。放大眼光來看，這些學習和累積對於他的重要性，絕對不亞於課業成績！

學歷、成績只是一個過程，而且僅是基本的條件。將來孩子出社會後，眞正的競爭力，在於溝通和表達的能力、人際關係，以及懂得思考反省的能力，這些才是成功的關鍵。

這就是我要的，爲什麼國中時我會堅持換導師？爲什麼後來他念附中時會想要轉出資優班？正是這原因，重視團體的榮譽感，也是孩子成長過程中不可或缺，需要被教導和養成的部分。步入職場，絕對必須整合團隊的智慧和力量！單打獨鬥太累了，而且早已經不符合現代職場的潮流。

28 嘗試之前，別說NO

任何新事物我都鼓勵孩子勇於嘗試，還沒試過前不說NO，但試過之後，如果不想繼續探索這個領域，我願意傾聽孩子的理由，能夠說服我，讓我接受，就尊重孩子的選擇。

除了英文的學習，我也注意孩子在其他方面的發展，包括興趣的探索，我讓他學鋼琴、學畫畫、參加科學營、童軍營、廣播配音班……等等。很多時候，他對某些領域不感興趣，也會拒絕嘗試，或是抗拒進一步的學習。

比方說第一次我幫他報名參加科學營時，他說不想上，我會告訴他：「**你沒有資格說不想，因爲你還沒有去試過**，沒試之前是沒資格說想上，或不想上的。」

傾聽孩子的理由

聽起來似乎是很專制的要求，但**我認爲所謂「開明」的父母並不是凡事都順從孩子的意願**。特別是在孩子還幼小的階段，缺乏足夠的判斷能力，**身爲大人的我們，有必要在某些方面給予適度的要求和方向**。所以我的作法是，任何新事物都鼓勵孩子勇於嘗試，在還沒有試過之前不准說ＮＯ，但是試過之後，如果還是不想繼續探索這個領域，我願意傾聽孩子的理由，如果理由能夠說服我，讓我接受，就尊重孩子的選擇。而且，我也會在一開始跟他說明白，爲什麼要安排這樣的學習機會，讓他了解我的想法，也希望建立他學習的動機。

於是，半推半就的參加完一個學期的科學營之後，兒子很認眞地跟我說：「我將來長大不想當科學家，我眞的對科學沒興趣啦！」做媽的我，在旁默默觀察他一學期的學習狀況後，清楚了解孩子確實對科學興趣缺缺，也就欣然接受他的請求，不再強迫他繼續往這方面探索。

別讓學習成為大人和小孩的煎熬

同樣的狀況，也發生在他學鋼琴的時候，剛開始他每天敲鍵盤，樂在其中。過了一陣子，他卻跟我說不想學了。就像孫悟空逃不出如來佛的五指山，每天陪在身邊的我才不會輕易被「糊弄」呢！知道這小子不想繼續學的眞正原因是因爲沒練琴！課後不練習，上課當然會挨罵，幾次下來就想放棄，不想學了。

很多父母可能會採取緊迫盯人，每天練琴時間都上演親子大戰。但是，小孩如果自己「不想」，硬要拉他（她）每天乖乖坐在鋼琴前面，眞的是一件煎熬的事，不管是大人還是小孩都很辛苦。

於是僵持一陣子後，有些爸爸媽媽只好「投降」，不再強迫小孩繼續學，但是從此之後，這件事就被當作家裡「半途而廢」的負面教材。大人可能三不五時就掛在嘴上叨唸「這小孩沒耐心，學半天浪費錢……」之類的話。試想，有幾個小孩將來會想再重拾這樣的「興趣」呢？當然也有「成功」的例子，在一些毅力過人的父母堅持下，小孩持續學琴多年，彈得一手好琴，但究竟有多少孩子是眞正樂在其中，因爲喜歡而持續練習的？眞是很難說！

路很長，還是有機會

我呢？還是繼續發揚「懶媽教子法」，聽到兒子不想學琴時，既不想天天盯他練琴，也不想以後對他碎碎唸，浪費時間和金錢。判斷的標準沒有改變，我希望他在學習每一件事情的過程中，都能清楚了解自己的意願和想法，我問他：「你學會看譜了嗎？你的基本指法都學會了嗎？」當得到的答案是Yes時，我告訴兒子：「好！不想學就不必再學了。至少前面花的時間和學費，已經讓你學會最基本的，夠了！如果你現在決定不想繼續學，我可以答應你，媽媽還可以省下一大筆錢呢！但是將來長大以後又想要學的話，你就要自己想辦法囉！」

在我的想法裡面，讓兒子學琴的目的，從來就不是希望他有朝一日成爲鋼琴家，而是希望孩子能得到音樂方面的薰陶，豐富人生。只要稍有基礎，以後想要再繼續探索，還是有機會的。果然，等兒子升上高中瘋社團，參加熱舞社，一度還想加入吉他社呢！雖然路不同，但對於音樂的喜愛，相信已經帶給他的人生很多樂趣。

29 父母沒有運動細胞，也能教出愛運動的孩子

當初引進門，單純只是希望兒子多接觸這方面的知識，也鍛鍊身體而已！沒想到這道門一開，不得了！他一頭栽進運動的領域，越玩越大、越玩越精。

我和前夫都不是熱愛運動的人，所以在兒子幼稚園舉辦運動會時，他完全是狀況外，注意到這點後，我認爲這不是孩子的錯，而是家庭活動偏向靜態，缺乏運動的接觸。

想清楚問題所在，雖然本身沒能力教兒子，但我努力找管道、找機會讓他多學習。包括主動替兒子報名棒球營，他也玩得很樂，小六前的暑假幾乎年年都參加兄弟象舉辦的活動；還鼓勵兒子參加學校的籃球營，經常在練習或比賽時送飲料、點心替他們打氣加油；不止這樣，平常不熱中運動賽事的我，在全球瘋世足賽時，也熬夜陪兒子看電視轉播！

一頭栽進去，越玩越大、越玩越精

老實說，當初我引進門，單純只是希望兒子多接觸這方面的知識，兼鍛鍊身體而已！沒想到這道門一開，不得了，未免也開得太大了，後面發展眞的讓我驚訝意外。他一頭栽進去運動的領域，越玩越精。

原本小時候只迷棒球、籃球，小學六年級之前，我們幾乎年年都出國旅行，每次搭飛機，他一坐下就打開報紙運動版面看，全神貫注的樣子讓我很驚訝，連旁邊的外國旅客都忍不住多看這個東方孩子兩眼。後來興趣越來越廣泛，常聽他跟同學聊天時，講到賽車、摔角、高爾夫球……整個人是眉飛色舞，有一回念高中的堂哥爲了功課方面的報告，打電話來問當時念國中的許捷關於棒球的問題，他講得口沫橫飛，我在旁邊聽得是一愣一愣。到現在，幾乎各項運動賽事都能侃侃而談，打開電視多半也只看運動頻道，對於熱愛的球隊、球星更是如數家珍！我這外行人還會笑他：「連人家球員年薪多少都不放過，記這些數字多無聊！」

「哎喲，你不懂啦！從年薪可以看出球員身價，決定身價的條件又是根據……」兒子只要談到運動，話匣子一開就沒完沒了。

不只現實的世界玩很大，在網路世界裡面，兒子也是玩咖，功力據說已經練到什麼「神奇寶貝訓獸師」的等級，眞的是童心未泯！愛玩到這個程度！

為什麼不把力氣統統拿來念書？

有些家長會跟我說，如果你家許捷把這些力氣統統拿來念書，應該不只考榜首，可能已經跳級念完大學什麼的。我真的一點都不心動，反而覺得慶幸，感謝他擁有這麼多課業之外的興趣嗜好，讓他在激烈的升學競爭中，擁有發洩壓力的管道。

我很清楚，壓力是他在承受，只要不是違法的事情，他想要選擇什麼樣的方式抒解壓力，我都不會干預。偶爾忍不住會出聲唸幾句的原因，都是擔心他熬夜看電視、打電動，睡眠不足會影響健康。

在這裡要強調，這樣的作法是基於長期的觀察，我很清楚自己兒子的學習狀況和態度，才放心這樣「放任」他。但不見得適合每個孩子，像現在我帶補習班的學生也是如此，基本能力和態度都沒問題的孩子，我採

不只是念書，我讓許捷大量接觸各種面向的活動，讓他有機會對有興趣的運動項目萌芽！

取信任放手的管教，只要達到目標，愛怎麼玩都可以。但有些孩子，還欠缺足夠的能力和正確的態度，就必須一步一步來，先把該具備的能力和態度培養好，才能慢慢試著放手。

放手不是依據年紀大小，而是觀察孩子是否已經具備應有的能力和態度。順序裡面，態度是最重要的。

30 應該讓孩子學才藝嗎？

從桌球、棒球、騎馬到潛水；從打擊樂、鋼琴到畫畫、作文；再從歌劇欣賞到露營，「動靜文武」不設限、也不求精通，更不管將來他是否派得上用場，我都鼓勵兒子多體驗。

教養的過程中，孩子學習的內容五花八門，舉凡騎馬、浮潛、歌劇欣賞……等等，這些比較「另類」的才藝，有人認爲對課業本身沒幫助，根本是浪費錢；也有人覺得很時髦。不過，我既不是爲了課業，也不是虛榮趕流行，那麼多「不一樣」的課外活動，開拓了兒子的人生視野，也豐富了他的生活內涵。但很多家長或許會問：「十八般武藝！難道我統統都得花大錢栽培嗎？」或是懷疑自己不懂的領域該如何領孩子進門？**其實不管學什麼，我的模式始終都不變，就是教他，陪他，確認他會了之後，就放手！**尊重同時信任他自主學習的能力。

至於如何確認他「會」了呢？標準在哪裡？

就拿培養欣賞歌劇、音樂劇的嗜好來說！兒子小時候，我刻意買兒童版的歌劇DVD回來親子共賞，剛開始看懂多少無所謂，只是把它當成休閒娛樂，頂多現學現賣，自己先花點時間翻看介紹，然後邊看邊閒聊穿插一些背景故事。等到看過很多齣歌劇、聽了很多關於音樂劇的故事後，碰上大家耳熟能詳的戲碼有機會到台灣演出時，我就買票帶兒子去看。記得兒子第一次現場欣賞的音樂劇是「歌劇魅影」，結束時我問他：「好看嗎？」

他回答：「先不要吵我，我還沉浸在裡面。」

這句話就夠了！我知道他有聽進去，懂得欣賞其中的美好，也從裡面得到啓發和感動。從此之後，我知道自己不需要再費力帶領他這方面的學習，因爲他已經從中得到樂趣，相信以後只要有機會，他會自己去探索。只要肯花心思，誰說一定要花大錢呢？出國到百老匯？就留給兒子將來自己圓夢吧！

以孩子的興趣為準則

不過，也不是每次我的「餿主意」兒子都買單。像是他高中進熱舞社，迷得不得了，回家還會跳給我看。我就想起幼稚園曾經想帶著他去學跳舞的事，不像現代滿多小男生熱中跳舞課，當年的爸爸媽媽，還不是很認同男生跳舞，在那樣的年代，我就已經走在前面，想帶他去扭腰擺臀了！結果好說歹說兒子都不從。後來看他迷上熱舞社，練習得這麼賣力，我還虧他：「你看吧！當初叫你去學跳舞，你不要！現在才練得這麼辛苦！」

其實講這話只是逗逗兒子，**嗜好的培養眞的沒有必要勉強，必須以孩子的興趣爲準則**。早晚的差別並不大，勉強學反而效果不好。頂多，爲人父母可以「建議」哪些能力或興趣的培養，早點學習比較占優勢！像游泳、騎腳踏車、溜冰、溜直排輪……等，這些越大越容易產生抗拒、恐懼的領域，不妨趁孩子年紀還小時，多多利用父母的「權威感」安排學習。

缺乏慧根的美術課

而且花錢、花時間學習的十八般武藝也不見得樣樣精通，像許捷美術方面就眞的很「抱歉」！國中時的學藝科成績好幾次都拿到乙，畫畫、美勞、工藝家政等的作品，多半羞於見人。說來眞是不好意思，好幾次甚至得勞動我助兒子「一臂之力」，否則交出的作業會是慘不忍睹。

爲了「補拙」，小學時曾經送他去學過一陣子畫畫，想說「加減」學一些配色的概念，線條形狀的運用也好。但他擺明不喜歡，上課心不在焉，畫著畫著，居然把整張圖畫紙都塗黑交差。老師拿他沒轍，回家之後我問他：「許小捷，你畫的是什麼？」他回答：「我畫的是森林，黑色的森林！裡面都看不見任何東西。」

我笑著跟他說：「喔！這樣啊，很好，很有創意。」心想兒子這樣講也沒錯！大人應該盡量用開放的心，看待孩子的創作，才能鼓勵他繼續朝這方面學習。不過，我的鼓勵似乎不太管用，他還是對畫畫課興趣缺缺，常吵著說：「不想學了！」本來就沒打算養出一個「畢卡索」，只是想培養兒子對美學的品味，觀察了好一陣子，我心裡有譜：既然這孩子少了美術方面的慧根，也不需要勉強他繼續畫他的「黑森林」，這筆錢就這樣省下了。

台灣的教育講求通才，希望學生全方位的發展，樣樣都得學。這樣固然是好事，能讓學生多方面的接觸，找到自己的興趣所在。但如果接觸後發現自己眞的不在行，我認爲並不需要太勉強孩子。

「動靜文武」不設限，鼓勵孩子多方面嘗試

作文也是，當時朋友推薦一位名師，爲了上課，每個星期我們還從木柵遠赴內湖。學了一陣子後，老師認爲許捷已經能夠掌握寫作的基本架構，看我們每次大老遠趕來上課很辛苦，於是很有「良心」的建議我，讓孩子多閱讀、多寫就可以了，不需

要專程送來補作文。我很感謝這位老師給他的啓蒙教導，雖然兒子後來的作文表現一直不夠好，有點對不起老師，但眞的不是這位老師的錯，而是兒子書讀得不夠多、動筆不夠勤快，很可惜！

其實大部分的才藝課都是如此，**名師固然可以幫忙奠定好根基，最主要的續航力，還是得靠孩子自己的興趣和熱情**。

就這樣，從桌球、棒球、騎馬到潛水；從打擊樂、鋼琴到畫畫、作文；再從歌劇欣賞到露營，「動靜文武」不設限、也不求精通，更不管將來他是否派得上用場，我都鼓勵兒子多體驗。有些是幼稚園時就開始培養，有些則等到他大一點，才在我的慫恿下陸續嘗試，現在我的List裡面好像剩下社交舞他還沒有接觸，或許改天應該拉兒子跟我一塊上舞廳呢！

31 長毛代表你長大了！

用行動告訴孩子，身體和心理的變化，都是再自然不過的事情！

許捷念國中的整整三年，我都因爲股票被盜賣的官司糾紛，忙得焦頭爛額，加上還要管理補習班，幾乎無暇兼顧兒子。多年累積的財產一夕之間全部化爲烏有，爲了捍衛自己的權益，尋求解決之道，我整個人的心神緊繃。幸好兒子很懂事，功課和生活各方面都讓我能夠放手不擔心。

我長毛了，怎麼辦？

不過有件事情還是讓我印象很深，剛上國一時，有天兒子在補習班表示有事要跟我說！嚇我一大跳，以爲出了什麼事的我，表面上雖然還是裝得很鎮定，回他一句：「好啊！什麼事？你說看看！」當場他卻回答：「回家再說！」

聽得我心頭又是一驚！到底是發生什麼事，該不會兒子闖禍了吧？但我沒有繼續逼問，深呼吸沉住氣，嘴上裝沒事：「好啊！」整顆心怦怦跳，好不容易回到家，進了客廳，母子倆在沙發找個角落坐下來，我忍不住要他快說：「到底發生什麼事？」他邊說還邊往沙發側邊移動著，感覺很不安，然後小聲地說：「我長毛了，怎麼辦？」

頓時，緊繃了一晚上的情緒整個鬆懈，「原來是爲這事，害我嚇得半死」，強忍著想笑出聲的衝動，我刻意把口氣放得輕鬆：「長毛？代表你長大了啦！不需要怎麼辦啊！」

大人越自然面對，小孩會覺得更安心！

看到這裡，很多爸爸媽媽恐怕會很意外，青少年的兒子居然會找媽媽聊這檔事！或許大家會猜測是因爲單親家庭的關係，兒子沒對象可以諮詢！我不敢講這個理由完全不可能，但其實眞正的關鍵是，面對身體，我的態度向來是坦蕩蕩！

兒子小時候，我們會一塊洗澡，他會問：「爲什麼你們都有毛？我沒有！」當時我的回答就是：「長毛表示你長大了啦！以後你長大就會像爸爸那樣子，如果是女生，就會像媽媽這樣。」男生、女生長得不一樣，所以很多動作和習慣也不一樣，男生要站著尿尿、女生要坐著尿尿……這些差別，只要兒子提出疑問，我都會耐心跟他解釋，絕不會用一句「將來長大你就知道了！」打發他。

共浴到什麼時候？我覺得順其自然，很多人會認爲「哎喲！這樣不好吧？」我並不這麼想，人家日本泡湯文化，孩子還不是和父母共浴？反倒是**越把身體當成禁忌，有時候孩子會越好奇**！

忘了是小學幾年級，有一天兒子突然說：「今天我要自己洗澡！」我聽了只是嘴上簡單說：「好啊！」雖然心裡會想著：「原來咱家兒子長大了呢！」但並不刻意問他爲什麼？有時候父母的心態很矛盾，擔心孩子尷尬彆扭，又忍不住「強化」它！硬要孩子說出口。這種事何必明知故問呢？這有啥好問的，就是長大了嘛！

睡覺也是，他從小跟我一塊睡，然後有一天突然就跟我說：「今天我要睡自己的房間！」我的回答還是一樣：「好啊！」換衣服也是，某次他換衣服時我剛好在旁邊，突然他就開口要求：「請你出去啦！」

碰上這種時候，我心裡的旁白就是：「時間到了！」

看似突兀的發言，其實孩子心裡可能早就千迴百轉，但刻意僞裝自己的不安，越是這樣，大人越應該平常心看待！相信開口之前，兒子心裡一定有些想法，說不定已經醞釀很久了。好不容易下定決心開口，他肯定也會擔心大人的反應。如果這時候大人驚小怪，以後他就會更在意這種事情，可能就不直說，改採取其他方法。反而是**大人**

反應越自然，孩子會更有安全感，讓他知道這不是什麼說不得的事！用行動告訴孩子，身體和心理的變化，都是再自然不過的事情！

打開天窗說亮話！成長不走冤枉路

對於盤古開天以來，爸爸媽媽都會碰到的大哉問！我一直都是正面處理、自然面對。

幼稚園時，兒子問：「我怎麼來的？」因爲他當時念的是全美幼稚園，我就專程到書店，挑了一本英文的繪本，上面描述的很清楚，依據他能夠理解的範圍，統統打開天窗說亮話。

與其因爲不知道怎麼講，就顧左右而言他，搬出「小孩是石頭蹦出來」「垃圾堆撿來」這種無厘頭的答案，我寧可花功夫找到相關的書籍、影片來輔助。孩子小的時候，如果我們能用認眞正面的態度面對「兩性」話題，擔任解惑的角色，將來他長大碰到類似的問題，才會敢於開口發問，不至於誤信謬論、影響健康，或是成長發育時，多走冤枉路。

32 別為別人活，為自己活

做你該做的事情，不用管別人說什麼！只要你覺得對的事情，就應該堅持，因爲你不是爲別人活，是爲自己活。

兒子的行事作風，向來很有自己的一套！還記得高二時，有一次請假在家，結果老師打電話來關心，提到他在學校那陣子發生點事情。原來是兒子認同導師的話，在週記裡面提到班上同學不夠積極參與活動，他覺得這種態度應該修正，也希望進一步提升大家對班級的認同和向心力。結果週記居然被同學偷看傳閱，他的正義之聲遭受扭曲。老師因此擔心許捷的情緒受到影響。

聽完老師的話，我馬上說：「唉喲！老師您不用擔心啦！只要是對的事情，我家兒子是不會在乎別人講閒話，更不會因爲別人講什麼受影響的。但我還是會找機會跟他聊聊，有什麼狀況再跟您回電！謝謝喔！」掛完電話我進房找兒子，轉述老師的擔心，他問我：「那你怎麼跟老師講？」

我把剛才說的話跟他講一遍，他立刻點頭如搗蒜：「沒錯！」隔沒幾天，兒子寫了第二篇週記繼續出招，甚至擺明跟偷看的同學嗆聲！裡面還請老師不用擔心，也不用出手過問，因為同學應該都看到了！雖是年輕氣盛的做法，但也是理直氣壯呢！

許小捷 週記 寫於高二

《生活週記 九十八年十一月十八日》

從「一段」（第一次段考）至今的忙碌終於告一段落了，緊接著又將要開始準備二段了，雖然挺累人，不過這才算是高中生活呀！

運動會的報名上週四截止了，我們班報名的比例似乎不太高，有些同學明明有能力卻怎樣都不肯參加。雖然不關我的事，但我還是雞婆的勸了兩句，想當然爾，並沒有改變什麼。但我還是要抱怨兩句，運動會再怎麼說也算是年度盛事，參加既不會損失什麼，何樂而不為？班上有些人就是太消極沒膽，如果大家都如此，班級又怎麼會有向心力？就如同一些人一天到晚嚷著要回原班，原班比現在更好，殊不知自己的那種心態才是問題所在……

《生活週記 九十八年十二月十三日**》**

拜託不要再偷翻別人週記了，很不道德！

每個人都是個獨特的個體，帶著不同的個性、專長聚集在一起，形成了社會，創造了文明。班級就如同一個小型的社會，不能凡事都如自己的意。如果無法接受異於自己的意見或做法，那就沒資格稱自己也是團體中的一份子。

……

老師也不用約談，我想那位同學會自己讀到這篇的，如果仍未好轉，那我想也沒必要留面子給他了。

看完週記後，記得我還笑他：「吼～你很Man喔！」

話是別人在講，日子是自己在過！

當年婚姻出問題時，我觀察思考半年後決定快刀斬亂麻。從書本得知，走出失婚通常需要至少兩年的時間，但我可不想把生命浪費在負面情緒裡。下定決心結束婚姻後，一邊和前夫協商，另一邊我就開始翻社區大學的課程，報名自己喜歡的課，重新找回生活的步調。後來念出興趣，還繼續念了ＥＭＢＡ呢！

積極走出婚變陰霾後，常和朋友相約出門，因爲我不想整天待在家裡自怨自艾。偶爾有男性朋友到家裡接送，可能是社大的老師、同學或是工作的舊識一塊聚餐、喝咖啡、看表演、看電影，我也覺得很自然。

但鄰居之間就開始流言蜚語了，因爲當時我還沒有正式簽字離婚，話越傳越離譜。左鄰右舍看我沒有上班，卻經常逛百貨公司，三天兩頭買東西分享，覺得我命這麼好，生活過得如此優渥，居然還不懂得惜福。事實上，我是在家接案的SOHO族，報關整理資料的工作多半得晚上進行，所以外人當然不清楚我熬夜趕工的辛苦。

面對這些流言，我也不一一反駁，反而跟朋友笑說：「我眞的是『日行一善』耶！每天爲這些無聊的婆婆媽媽製造生活樂趣！」但是對兒子，我就會顧及他的心理，找機會嚴肅地跟他聊：「你覺得鄰居媽媽說的什麼什麼……是眞的嗎？」

他說：「不是！」

我點頭：「好！那我們就不用管他人講什麼，除非說話的人是我們的朋友，關心我們的朋友，她（他）們講的話才要聽，並且想想人家說的有沒有道理。但是其他不熟的人，沒有根據亂講一通，那些話就不用放在心上，不要讓它影響到我們生活，過日子是我們自己在過，知道嗎？」

生命中，很多事情我們需要第三者的意見，但要能分辨對象，朋友的眞心話要聽，聽了之後想想是否有道理；路人甲乙的話就免了，聽過就讓它過去吧！我很欣慰兒子雖然年紀小，卻已經能夠了解這個道理：別讓外人茶餘飯後的閒聊影響自己，只要自己夠堅定，那些道人長短的話語，並不會眞的造成我們生活的改變。

清楚自己在做什麼

從小，我給兒子的教育就是如此，做你該做的事情，不用管別人說什麼！只要你覺得對的事情，就應該堅持，因爲你不是爲別人活，是爲自己活。

上大學之後，雖然同住一個屋簷，但看到兒子的機會少之又少，有天出門見他還賴在沙發看電視新聞，心想這傢伙該不會是翹課吧？但我不會多問，相反地，碰巧電視裡面報導某政治人物遭受抨擊的新聞，我就隨口跟他閒聊：「許小捷，你看他們這些人，在那個位置要非常清楚自己在做什麼，而且很多時候要不在乎別人講的話，否則整天被人批評攻擊，就沒辦法生存了！你說對不對？」

他點點頭「嗯」了一聲！

到底這聲「嗯」是聽懂還是沒聽懂我的暗示：「兒子啊！不管是上課還是翹課，你都知道自己在做什麼吧？」至今無解，但孩子長大了，很多時候，我認爲教訓的話還是「點到爲止」就好！

33 人生不要白過，讀書不是一切

我希望孩子很快樂，人生沒有白過！但是孩子要很清楚自己的人生要的是什麼？前提是不傷害別人的情況下，過自己想過的生活。

年輕時候的我也是朋友眼中的玩咖，很愛玩，無論舞廳、夜總會或其他好玩的地方，都有我的蹤跡。這點，我得感謝母親的信任，讓我青春沒有白過！所以對兒子，我也是抱持同樣的想法，青春不要白過，盡量玩，甚至我覺得他玩得還不夠呢！畢竟時代不一樣，很多資訊和管道在過去並沒有，現在新鮮活動這麼多，我常會幫兒子蒐集玩樂的情報，像潛水、衝浪就是我鼓勵他去學的。

將來你要過什麼樣的人生？

我告訴兒子：「我希望你很快樂，這個人生沒有白過！但是你要很清楚自己的人生要的是什麼？前提是不傷害別人的情況下，過你自己想過的生活。」

也常會藉機問他：「將來你要過什麼樣的人生？」高中時，兒子曾經考慮念法律系，不曉得是不是跟我的股票盜賣官司有關，這點到現在還是個謎。因爲等到眞正大考結束，他又改變主意塡了台大財金系。雖然不像很多父母會強勢地幫小孩做決定，但我這個媽媽在他心目中，大概說話還有一點分量，所以就像高中分組時，他會找我聊，大學選塡學校和志願時，他也會與我討論。

記得分組時，他說學校性向測驗，自己在數理方面拿高分，按照一般人的想法，適合選第三類組，但是他喜歡第一類組。我問理由，他回答：「你不是說，人要爲興趣而活嗎？」我既高興兒子把我的話聽進去，另一方面忍不住想說：「這小子將來萬一找個養不活自己的工作，會不會罵死我啊？」

想歸想，我還是由著他去，只不過補了一句：「沒有錯！人要爲興趣而活，但是你也要想清楚以後生活的品質，你希望過什麼樣的生活？」我把許多新聞報導關於就業統計調查的資料和數字，跟兒子分享。還幫他找了國三的導師諮詢，因爲她也很了解許捷的性向和學習狀況。

最後兒子堅持要選第一類組，剛開始他的目標是希望將來念法律或政治系，我沒有反對，但提醒他台灣畢竟太小，不管將來念什麼科系，做什麼工作，還是要放眼全球，就算是念法律系，他也要鞭策自己朝國際法的目標努力，將來才會有更寬廣的路。不是我太現實，而是務實地認爲選塡分組或志願時，應該適度讓孩子了解現實的情況。如果他明知那條路充滿挑戰，還是堅持向前，我不會反對，但上路前，爲人父母本來就應該擔任徹底解說諮詢的角色。如果自己不了解該領域，不妨找更多人提供意見。當然，最後的決定權還是交給他自己，畢竟人生是他的，路要自己走！

同樣的，不管我做什麼事，也會問他的意見，這時換兒子跟我說：「你搞清楚就好，你快樂就好！」因爲這些也是我常掛在嘴邊的話。

孩子的思考模式，對事情的看法，百分之九十都是父母教養出來的。所以我常常問自己這個問題，也常常問身邊的爸爸媽媽：「想要教出怎麼樣的孩子？」想清楚之後，很多事就會知道該怎麼做了！

第四章

玩樂力不設限，控制力才是關鍵

父母如果不去深思孩子們的娛樂和禁止之間的因果關係，只是一味的禁止，孩子怎麼會服氣？說「不可以」之前，是不是應該跟小孩說清楚，教他們懂得過濾才是保護之道！

34 零用錢怎麼給？沒有標準答案！

教養的方法有很多種，爸爸媽媽不需要被專家綁著走，應該是參考其他人的意見，最後選擇適合自己的、而且容易做到的。否則三天捕魚、兩天曬網，即使是再好的方法，如果沒辦法持之以恆，效果也是有限。

在支配金錢方面，我總會想起小時候自己家裡因爲經濟狀況不好，常會羨慕其他小孩有錢可以買冰棒、糖果等，讓我既欣羨又自卑。甚至還曾經因爲抗拒不了誘惑，偷拿媽媽的零錢去買糖吃，事後內疚不已，雖然沒有被大人抓到，但這件事情始終是個污點，在心裡留下疙瘩。

所以做了母親，不管財務是否寬裕，我都不想讓孩子跟我小時候一樣，因爲物欲的不滿足而犯下錯誤行爲。節制欲望是必要的，但也不需要完全切斷，有欲望並不是壞事，某種程度，想要擁有的欲望也是激勵自己努力向上的動力。

儲蓄跟品德，我更重視品德

嚴格講起來，在我家沒有零用錢這回事，而是孩子需要用多少錢，就自己去拿。

雖然小學時，我曾經短暫實施過給孩子零用錢，希望養成他儲蓄的習慣。當時參考其他家長的經驗，挑一個適合咱們家的做法，我採取小學一年級時每個星期零用金十元、二年級時就加碼變每週二十元……以此類推。

我告訴兒子，他可以自由支配零用錢，同時爲了鼓勵他養成儲蓄的好習慣，還特別加上「但書」，等到過年的時候，看他存下多少零用錢，我給的紅包就照他的儲蓄金額加倍發！也就是說，「零用錢存得越多，紅包就可以領得越多」，剛開始這個獎勵制度效果不錯，兒子雖然偶爾會拿零用錢買東西，但大部分的時候，他都存下來，年底時就等著媽媽的雙倍大紅包！

對年幼的他來說，這事就像是進行遊戲般，我把它變得好玩，目的是要引導他學習理財。

不過，給零用錢的做法只實行一到兩年，後來就沒有繼續下去。最主要的原因是，我觀察兒子並不會亂花錢，日常生活所需本來就由媽媽買單，他把錢都擺著不用，年底再加倍拿紅包，感覺這樣做的意義不大。

而且一開頭我提過自己幼年的經驗，對於孩子的欲望，只要不過分，我都會盡量滿足。這個想法和零用錢制度多少有點互相牴觸，既然如此，固定給零用錢的做法在我們家似乎就沒有這麼必要了。教養的方法有很多種，爸爸媽媽不需要被專家綁著走，應該是參考其他人的意見，最後選擇適合自己的、而且容易做到的。否則三天捕魚、兩天曬網，即使是再好的方法，如果沒辦法持之以恆，效果也是有限。

夥伴關係的基礎是溝通和信任

所以自小學高年級之後，一直到現在念了大學，我們家都沒有所謂的「零用錢」。只在兒子剛懂事對金錢有初步認識的階段，教他懂得儲蓄節儉的概念，將來賺到的錢要存下來才會慢慢累積，不可以賺多少花多少，免得變成「月光族」。

有些家長會擔心，只要孩子開口大人就買單，會不會讓孩子變得予取予求？我想**零用錢的基礎是溝通和信任**。在金錢的用度上，我們母子像是夥伴關係，**能夠共體時艱，也能共享樂**。我總是適時讓他知道家裡的收支狀況，如果那個月手頭比較緊，我會事先提醒他要節省一點，他會乖乖「踩煞車」，少出門玩樂，減少不必要的開支。當收入變多比較寬裕時，我會帶他出門打牙祭，有時候他也會主動要求想買一些肖想很久的東西，像是衣服、手機等。

講清楚規則後，我就放手信任他，兒子也懂得自制，小時候只是需要銅板，他會自行在客廳角落裡的零錢筒拿需要的金額，花多少錢都會自動跟我報告；大一點後，我甚至准許兒子從包包裡面自由提款。雖然不再報告流水帳，但金額如果比較大的時候，他還是會事先跟我討論商量。

過年紅包，兒子都全數交給我，不像有些孩子開口閉口「我的錢」。從小我就告訴他：「那是我包出去，人家回禮的，等於是媽媽的錢！如果可以，我會給你，但如果家裡需要用到，你就得交給我，可以嗎？」他總是認分地乖乖說：「好！」

就連考上榜首，親戚朋友給的紅包，他也統統「繳庫」，沒有留下來當私房錢。因爲他知道上大學後的學雜費是一筆不小的支出，希望能夠減輕我的負擔。當然，偶爾他也有物質的需求，這時候兒子會很老實地跟我商量，記得某天他就跑來跟我說：「師大附中要給我一萬元的獎學金耶！我可不可以自己留下五千元，因爲我想買隨身聽！」其實我知道他早就很想買那樣東西，但遲遲不敢跟我開口，怕增加我的負擔，等到有獎學金這筆額外收入，盤算著不至於增加家裡的負擔，才敢開口跟我商量，而且貼心地只拿一半喔！這小子算是夠意思！

35 離家只為練膽量！

我從不放棄訓練孩子學習獨立，第一次不行，我就再試第二次；這次不行，就換方法再試，總會達到目標的。

許捷國中時的導師曾跟我說：「你家兒子是個high咖！畢業旅行時，在遊覽車上，同學不小心點錯歌，音樂一出來，大家你看我、我看你，還沒來得及切歌，許捷已經抓過麥克風開嗓大唱起來。連別人點錯歌，他都能接棒玩到整車轟動，眞的被這小孩打敗！」

這是現在的許捷，超級愛玩、敢秀，但是如果老師認識小時候的他，我相信她肯定不會這麼說。學齡前的許捷，膽子小，凡事不敢輕易嘗試。爲了把他的「膽子」養大、養肥，我刻意報名童軍營、漆彈營，鼓勵他學習獨立，嘗試冒險。

第一次外宿體驗

小二升小三的暑假，我幫兒子報名童軍營，三天兩夜的活動，是他第一次自己在外面過夜。

許小捷 週記 寫於二〇〇〇年

《童軍體驗營》

暑假一開始時，媽媽就幫我報名了「童軍體驗營」，從七月十三日到七月十五日；「兒童安全互助營」從七月二十一日到七月二十二日；還有「兒童卡通動畫配音班」從七月三十一日到八月四日。好多活動喔！媽媽說要讓我過一個充實又快樂的暑假。

七月十三日早上，媽媽送我到集合地點搭遊覽車去目的地桃園復興鄉，車子一開動，我跟媽媽說再見時心裡好害怕，但是我很勇敢都沒告訴人。車子開了好久，等我們到了桃園縣復興鄉就是我們的目的地，已經十一點多了，大家就先吃午餐，然後開始分配房間，還做了好多事。我們開始分組學東西，我是第二組，我們學的東西有植物識別、蛇類鑑別、戶外急救、蟲蜂認識，大家學得亂七八糟，可是很好玩。晚飯後，我們一起學跳山地舞，跳完山地舞，我們去洗澡，睡覺。這是我第一次離開家，自己在外面過夜，我好害怕，也好想媽媽喔！

第二天，一大早起床時，我們要學自己摺棉被，漱洗後馬上就去吃早餐，很快就又要集合分組學東西，那天學的是原野求生技能，攀爬、雙索、單索、三索及垂降，中午我們自己做麻糬烤肉做午餐，下午又安排我們學習山地民俗活動，晚上又有營火晚會，真是好累的一天。

第三天，這是最後一天，本來很兇的值星官，在結業典禮的時候，他卻表現得很好笑又很好玩，今天我又學了旗語、結繩、搭帳篷、生火還有童軍禮節。

這次童軍營，說實在好多課程我都不大記得，只記得好好玩，希望下次還能再去一次。

這是兒子的外宿初體驗，感覺似乎一切都非常順利！小三時，我又替他報名全美語的夏令營，這次是將近十天的活動，我還記得是在林口體育館。為了怕他落單，我還特地揪團，一共找了十個認識的小朋友一塊參加！我們這群家長平常都很熟，所以會輪流探班，送泡麵、點心什麼的。第一天我甚至留在營地待到晚上十點，孩子們準備就寢才離開。結果我人一走，兒子就開始哭。第二天，他緊張到腸胃不舒服，還被送到附近的長庚醫院看醫生。我還是狠心把他繼續放在營隊裡面，但是我晚上都從台北開車到林口陪他待到就寢時間才離開。

分配到同一小隊的三個小孩裡面，其他兩個孩子一個比許捷大、一個比他小。但是睡覺時，都體貼地讓許捷睡中間，說要保護他，其中一個小孩因爲家庭信仰密宗，還把爸爸媽媽給他的護身符借許捷戴，希望他晚上不會害怕。眞的很夠義氣！

但是到了第三天，帶隊老師告訴我，兒子又去長庚掛號。醫生說，他是心理引起的生理不適，擔心他後續幾天情況會更嚴重，於是我只好去把

許捷在童年時總是怯生生，要有媽媽才會安心。

兒子接回來。

雖然這回參加過夜活動的經驗是中途退場，但我可沒那麼容易死心。等到四年級的暑假到來，我再接再厲幫兒子報名爲期十五天的夏令營，這回是到墾丁某度假中心。參加之前，爲了讓兒子有安全感，我特別和主辦單位情商，指定隨隊人員。最後我們這群家長是拜託兒子的幼稚園老師同行，因爲她從小看著這幾個小孩長大，爸爸媽媽都很放心。

因爲有熟人在，兒子比較有安全感，加上有玩伴同行，他乖乖地跟著老師出發。而且我答應兒子，週末時會搭飛機下屏東陪他。雖然機票不便宜，但第一週我依約前往，讓兒子安心，自己也順便到南台灣二日遊。隔了一週，聽隨行的老師轉述，兒子越來越能融入團體，玩得挺開心的。到了星期五，我就問他：「這個星期六，媽媽可以不用來陪你了嗎？」他想了一下說：「好！不用了。」我就知道他已經沒問題，可以放手了！

走出去就是旅行

很多時候，其實我能感覺到兒子有點害怕，但只能假裝不知道。出發時一直講些活動裡面好玩的課程，讓他產生期待。所以他也忍著不會跟我開口說不去，因爲其他的好朋友也都一塊參加。害怕總是有的，但孩子還是覺得能出門很好玩。

在既期待又怕受傷害的過程中，我並沒有因爲看到孩子的膽怯，就一直說：「你要勇敢！不要怕！」相反的，我對兒子說：「你如果害怕想回家就跟媽媽講！我就去接你回來！」

所以當兒子眞的告訴我想回家時，我不會罵他、逼他繼續硬撐，或是說什麼「上一次可以辦到，這次一定也行！」之類的話，畢竟每次的狀況不同。只要他開口，我就會很乾脆地把他接回家。但是**我不會放棄訓練孩子學習獨立這件事**，我說過，**要清楚自己想教養出什麼樣的孩子？想培養他什麼樣的能力？然後就要朝這方面努力。這一次不行，下次再試**；這回不成功，那就換方法再來，總會達到目標的。幸運的是，兒子幾次之後就非常ＯＫ，否則我還是會一而再、再而三的嘗試，直到他可以獨立爲止。

之後，每年寒暑假我都幫他安排大大小小的營隊活動，越玩越多、越玩越大，到後來，他已經懂得蒐集情報，找有興趣的營隊參加，自己安排行程。

36 獨生子女也能麻吉一籮筐

即使身爲獨生子，許捷始終擁有一大堆朋友同好！他會自己判斷，結交各個領域、各種性情的好朋友，開闊他的世界，也豐富他的人生。

小學時，兒子班上有個同學在學校表現調皮，常鬧事。那陣子因爲他常和我家兒子玩在一塊，惹得老師很生氣。於是老師婉轉地跟我說：「因爲某某同學是問題家庭（單親）的小孩，才會這樣。」甚至還暗示許捷別常跟他玩，免得會被帶壞。

近朱者赤、近墨者黑

聽完老師的話，我把兒子叫到面前，愼重地跟他說：「老師說得眞好，『近朱者赤、近墨者黑』，爲什麼你不是讓某某同學靠近你，變『近朱者赤』？而是讓老師擔心你會『近墨者黑』呢？」也不管兒子當時還處於懵懂的年紀，我試著分析道理給他聽，進一步問他：「某某同學聽不聽你的話？」兒子點頭，我接著說：「很好？那你可以教他，要怎樣控制自己的脾氣和行爲！什麼時候可以說話，什麼時候不行？」

不止如此，我還雞婆地打電話給那位同學的媽媽，跟她分享單親媽媽的「育兒經」，了解她的難處。就這樣，我們兩個單親媽媽的家庭，往來越來越密切，深厚情誼跨越兩代呢！小學六年級要畢業時，那個曾經在老師眼中是「問題學生」的孩子，除了學業表現良好，其他品格、能力也都讓人刮目相看。記得畢業典禮碰到某位學校家長代表，她還特地把我拉到旁邊，跟我表示「你家許捷不簡單，影響某某同學這麼多！」

後來這位同學隨著媽媽出國繼續念七年級，兩家人還是常聯絡，我開玩笑說：「兒子小小年紀就有國際友人！」

人際關係的進退拿捏

巧的是，升上國中，許捷在班上的「麻吉」同學，平常還來我的補習班上課，父母婚姻也是出問題。媽媽一個人得身兼數職照顧兒子，爸爸經常跑得不見人影，補習費繳得零零落落。將心比心，我能體諒單親媽媽的辛苦，加上那個孩子很乖巧，我覺得孩子既然願意讀書，應該給他一個機會！所以從不曾開口催繳。爲了顧及那位同學的自尊心，我並沒有讓他知道狀況，連我家兒子都不清楚這件事！

一直到畢業後的高二那年，他才知道國中在補習班的學費都沒繳，自己打電話給我：「許媽媽！對不起，我不知道爸爸都沒繳學費！」

我告訴他：「這不關你的事，是你爸爸的事，沒關係！你不用放在心上。」我還跟他說：「你爸爸給了你怎樣的生活，希望你能記取教訓，要努力向上，脫離那樣的困境，以後不要給你的下一代同樣的遭遇！」

國中一塊打球、K書建立的革命情誼，持續到高中，兩人雖然念不同的學校，但交情依然好得很，大學指考前，他還跟我兒子說：「如果你考上台大，我請你吃飯！」我提醒兒子不要增加人家的負擔，想不到兒子回答：「他們學校有建教合作，他靠自己有存一點錢啦！放心，我不會點大餐，這是他的心意，收下，他會很高興！」

看來，人際關係的「學分」，兒子已經修習地頗有心得了呢！

讓孩子擁有交朋友的自由

從來我都是教育兒子不要吝於分享，不管是學習課業還是活動玩樂。記得基測第一天考完，第二天要考數學，同學打電話來，想到家裡找我兒子教數學，許捷馬上答應，我也沒有覺得任何不妥。反倒是當時其他家長聽說後反應激烈，打電話給我說：「那位同學太不懂事，怎麼可以這麼自私！考試前一天還好意思占用別人的讀書時間……」之類的話！我的回答也妙：「不會啦！教別人的時候，等於自己也在複習啊！」事實的確也是如此，不是嗎？

我從不限制兒子交友，向來放手讓孩子擁有交朋友的自由，也鼓勵他和同學多多互動往來。**前提是，我會先跟兒子傳授自保之道**，包括如何觀察身邊朋友的言行舉止，一旦有偏差行爲就要踩煞車，學會判斷是非。**不只如此，我也會偷偷地在外圍建立保護機制，找幾個熟識的高年級學生打探，了解兒子在學校的交友狀況。我覺得要做到技巧性的關心，不要讓孩子覺得被管**，或是沒面子，畢竟青少年的時期，同儕關係是非常重要的！

所以即使身爲獨生子，許捷始終擁有一大堆朋友同好！他會自己判斷，結交各個領域、各種性情的好朋友，開闊世界，也豐富他的人生。

許小捷 週記 九十二年九月十七日 星期三 天氣 寫於五年級上學期

《我的新同學》

今天，也就是開學的第二個星期，來了一個瘦瘦高高的；帥帥酷酷的新同學——曲××。

一開始，我發現似乎沒人理他；沒人跟他玩，不知不覺中，發覺他很可憐，因為他既要忍受失去朋友的感覺，又要面對新的環境，這樣恐怕我也不能適應吧！也許這就是轉學生的心情吧！

今天上自然課，大家都不想要他（曲××）到他們那一組，最後老師把他分到我們這組，我和姚××一點不高興的聲音都沒發出，這才發覺，姚××的想法和我是一樣的，嗯！原來他也有同情心啊！

現在，情形雖然沒有好轉，但我對他的感覺是不會變的。

37 打開電視，沙發上的社會課

父母從自我反省出發，以身作則的同理心關懷，比起耳提面命的教誨，更能達到效果。

一般人看連續劇時，可能只是純粹看劇情，或投入地跟著劇中人物笑罵。但我的習慣是，一邊看戲、一邊設想著：「主角爲什麼會成功？某某人又是做了什麼導致失敗？」如果剛巧兒子在一旁，我也會和他輕鬆分享這些看劇心得。當主角做出驚人的決定時，我會突如其來轉頭問兒子：「換做是你，做得到嗎？」也不管他願不願意開口回答老媽的蠢問題，我常常就自問自答地繼續說：「換做我，可能沒有這種勇氣耶！要是現實社會遇到這種人，還滿佩服的。」或是「假使我碰到這種情況，應該會如何如何……」

把握生活中機會教育的片刻

不只看電視劇喜歡玩「假如是你，換做是我」的Q&A，電視新聞我也不放過。經常把握機會給兒子提醒和暗示，因爲他愛玩，喜歡到處趴趴走。當媽的，還是會擔憂安全問題，但**我不會每天兒子出門就緊張兮兮地碎碎唸！因爲多唸幾次就變耳邊風**。

相反的，**我常「取巧」用發生在第三者身上的例子讓孩子借鏡**。像是看到新聞報導，年輕人爲了趕時間騎車發生意外，我就會趁機「嚇嚇」旁邊想學騎摩托車的兒子！配合血淋淋的新聞畫面，讓他感受一下生命的脆弱和騎車上路可能遇上的危險。

偶爾還會使出「苦肉計」。有回新聞吵得兇，一群年輕人仗著體力好，跨年夜連續趕攤玩了好幾個地方，結果疲勞駕駛，失速撞護欄釀成悲劇。看到新聞裡面家屬哭得呼天搶地，我就會心酸地說：「不管做什麼，安全很重要，能夠避免的危險，就要盡量注意。否則意外發生，家人會很傷心。」所以兒子愛玩歸愛玩，但他不逞強，會懂得節制，因爲他不想看到媽媽傷心。

碰上學生登山受困的新聞，我也會跟兒子聊，年輕人並不是不可以去做充滿挑戰的事情，但前提是，他們有沒有做好萬全的準備？有沒有找到專業的嚮導？或是事前進行完整的體能訓練。雖然新聞裡面可能沒提到這些，但我還是會趁機傳達給孩子正確的觀念：「沒有什麼事情不可以去做，但要做好準備和防範。」

同理心的培養

在家看電視會這樣，出門旅遊逛街時也是。所見所聞，都是我們母子聊天的話題。雖然不是刻意要對兒子講什麼大道理，但長久以來，這種奇妙的對話方式，似乎也養成他隨時觀察周遭人事物，而且從觀察中整理思考的習慣。

曾經跟熟識的家長聊到這方面的經驗，結果她告訴我：「奇怪？我也是這樣做啊！看電視時如果報導落後國家或是弱勢族群的孩子有多可憐時，我就會提醒孩子要惜福！」但是女兒就會回嘴：「我知道啦！你每次看電視都講這些，好像怪我很浪費什麼的！可是我明明又沒有做錯事。你爲什麼一直講我？」

進一步了解她和女兒的對話內容，我發現問題出講話時的「主詞」，這位媽媽開口閉口就是：「你要惜福、你看看人家多可憐、你怎樣怎樣……」孩子覺得自己被罵，當然不舒服，心理產生抗拒，父母的用心也就聽不進去了。

我的講話習慣剛好相反，看到新聞裡面的弱勢朋友際遇可憐，我會說：「許小捷，我覺得我們好幸福喔！可以吃飽穿暖。」或是：「兒子！我想去認養小孩耶！你覺得好不好？我們一個人認養一個好不好？」

老實說，剛開始我並沒有特別意識到自己這樣的言行會對孩子產生什麼樣的示範作用，但經過和其他家長的交換心得後，確實發現，**父母從自我反省出發，以身作則**

的同理關懷，比起耳提面命的教誨，更能達到效果。

難得說出口的肉麻話

說到這兒，忍不住想起一段趣事。大學指考前不久，有天晚上我們母子在客廳看電視，剛好播出李國修夫妻和兒子的訪問，當主持人張小燕問到李國修兒子對自己未來有什麼期望和夢想時，打定主意將來要成爲導演的他回答：「有一天我看到媽媽觀賞奧斯卡頒獎典禮時，李安導演上台領獎，我媽淚流滿面那種感動、與有榮焉的表情，當下我就在內心期許自己，總有一天，我也要讓媽媽像這樣，看著台上的我，爲我感到驕傲！」

螢幕那頭的話才說完，許捷突然從沙發站起來，走到我面前說：「有一天，我也會讓你以我爲傲！」接著就轉身上樓，走到一半還瀟灑地回頭丟下一句：「但是我不會上電視！」

雖然兒子話講得認眞八百，但這突如其來的舉動，還是惹得我忍不住捧腹大笑，非常不給他面子！當時萬萬沒想到他的話居然那麼快就兌現了！因爲隔沒幾個月，大學指考放榜，兒子幸運地拿下榜首，我眞的替他開心，也以他爲榮。只不過「許半仙」沒料到的是，他還是上了電視啊！

後來我拿這件事情糗他，兒子居然打死不承認自己說過這話！最後乾脆硬拗：

「就算我有講過，也是隨便亂講的啦！」

38 玩樂不設限，控制力才是關鍵

我很少對孩子說：「不可以這樣、不可以那樣！」除了毒品絕對不可以碰！那是想要戒也戒不掉的癮，絕不能嘗試。其他的東西，只要意志力夠，投入程度的深或淺，大致都能掌握在自己手上！

回想自己年輕時，當時的父母反對小孩打撞球、溜冰、跳舞，認爲會學壞。現代的爸爸媽媽更累啦！擔心反對的事情越來越多，尤其是網路。但我認爲很多事情沒有試試看，怎麼知道不好呢？

比方說，撞球明明是一項運動，本身很健康，問題是出在打撞球的場所，出入的份子太複雜，所以容易出狀況。但是父母如果不去深思其中的因果關係，只是一味的禁止，孩子怎麼會服氣？說「不」之前，是不是應該先跟小孩講清楚狀況，教他們懂得過濾環境才是保護之道。

控制力才是關鍵

像我知道很多家長不讓孩子玩牌，但許捷玩樸克牌是我教的，把它當作遊戲，就是可以訓練小孩多動腦的好事。包括培養專注力、訓練對圖形的敏感度、數字的排列組合等，從遊戲中可以學習，多麼好的事情啊！不但親子同樂，還可以得到這麼多附加價值！

大人之所以認爲它不好，是因爲加入了「金錢」的輸贏，所以變複雜了！

問題是，如果眞的要賭錢，任何事物都可以拿來下賭注！賽車、棒球……統統都可能沾上賭博的惡行！但是我們卻很少聽說爲此禁止小孩接觸棒球。換句話說，危險的是因爲用錢做爲輸贏賭注，如果沒有認清問題所在，只是叫小孩不可以玩這個、不可以碰那個，根本沒有辦法嚇阻和杜絕問題的發生。

與其孩子在外頭跟朋友瞎混時，自己學會這些玩意兒，我寧可他在「勢力（視力）範圍」內接觸，大人能夠就近關切，發揮影響力。所以兒子玩麻將也是家人傳授的，他的阿姨們——我的兩位姊姊，都是許捷牌桌上的「師父」。其中一個，喜歡玩牌但不沉迷，幽默風趣！另一個，卻因爲玩牌賭博惹出很多事端，是娘家的頭痛人物。兩個阿姨的形象差很多，從小兒子都看在眼裡，發揮最佳的對照效果。

我會提醒兒子，那只是遊戲，偶爾花時間叫做「玩」，花太多時間在上面就是

「浪費生命」。我也會藉機會跟他分享，賭輸好幾棟房子的阿姨，爲了遊戲付出這麼大的代價，值不值得？但是她剛開始時也只是偶爾好玩才上牌桌，爲什麼她沒辦法控制自己，一而再、再而三的讓家人傷心煩惱？

雖然過年期間，牌桌缺咖時，偶爾我也會湊熱鬧，但是兒子非常清楚，媽媽從來不會在外面玩牌，麻將只是家人朋友團聚的餘興節目。而且我的牌技很差，說也奇怪，平常我對數字精明得很，但是坐上牌桌，還眞的懶得動腦筋，反而像是陪客，焦點都擺在談天說笑！兒子遺傳到我，偶爾他也會約同學到家裡打麻將，明明數學挺不錯的他，牌技也滿爛的，看得出來他並沒有認眞在玩，純粹是朋友同學間，打發時間的消遣。

我們共同的心得都是，放假時如果整天坐在牌桌前面，是浪費生命的事情，而且老是坐著，很累！還是出門到外面活動比較好玩！

上網行不行?!

算起來，許捷小學三年級就成爲電腦族，還會自己網購買賣，我雖然沒有教他，但是他會到處打聽自學。當我注意到他經常流連在電腦前時，才好奇詢問他都在上網做什麼？他才從實招來：「媽，你沒發現最近我都沒有跟你拿零用錢嗎？因爲我上網蒐集情報，然後去買遊戲王卡，再到學校賣同學！這樣就可以賺到零用錢哦！」

我一聽，心想這小子頗有生意頭腦，意外之餘也感到幾分竊喜，莫非是遺傳到學商的娘？但嘴上還是嚴肅地跟他說：「你們年紀太小，用錢在學校買賣會引起老師和家長的反對！」

兒子一開始還辯解：「沒有啊！我賣他們很便宜耶！比同學自己到外面商店買還便宜，這樣不可以嗎？」說實話，我覺得這也算是另類社會課的體驗學習，並不是觸犯天條的事！但考量到每個家長的想法不同，還是提醒他：「如果要跟同學買賣，記得要得到對方家長的同意。還有千萬別在學校教同學網購什麼的！因爲每個父母的觀念不同，很多家庭是禁止小孩使用電腦的，你這樣做容易引起不必要的爭議。」

最後，我還不忘警告他：「對了！許小捷，我告訴你喔！網路上面有很多騙子，你隨便把錢給人家，很可能就會沒有囉！」果然隔沒多久，兒子真的遇上網路騙子，把錢吞掉卻沒有寄東西過來，雖然金額不多，但兒子也得到教訓，不敢再繼續「經營」他的網路生意了。

用「有條件的同意」取代「無條件的反對」

不只這樣，有一回他還跟我說：「有個網友要約我見面耶？」

我問：「多大？」

兒子答：「小六。」

當場我沒反對，只是跟兒子講：「那你跟對方說，我媽媽要跟我一起去喔！看看他的反應如何？」這招成功嚇跑那位網友，這事也就不了了之！用「有條件的同意」取代「無條件的反對」，這麼一來，兒子既不會因爲我不答應他赴約而不開心，他也因此更了解網路世界和眞實世界的差別，透過網路結交的朋友虛實難辨，需要更謹慎小心。

或許很多家長會認爲，才小學三年級就放手讓孩子在網路世界闖蕩，是否安全？我的想法是，父母不需要完全排斥網路，因爲這已經是時代趨勢，我們要做的事情是**幫助孩子在安全的範圍內，進入網路**。

湊巧那陣子，電視新聞陸續有相關報導，關於網路交友衍生的種種安全問題，以及某單位舉辦遊戲玩卡大賽最後因爲參加份子複雜，變質成了鬥毆的新聞事件，我就抓住機會告訴兒子：「你看！如果不小心謹愼，就可能發生這樣可怕的事情！很多東西可以去嘗試體驗，但絕對要很小心，不能沉迷或是瞞著大人，發現有奇怪的狀況一定要告訴家長。」

即使後來到了九年級，學校老師規定不准看電視、打電動、帶手機……面對這些禁令，我還是默許他自己看著辦，因爲相信他有辦法自我管理。所以他照玩電動、照看電視，直到基測前一個學期，記得是寒假結束前的最後一個晚上，兒子挑燈夜戰，玩電動玩到凌晨一點。我問他：「這麼晚了怎麼還不上床睡覺？」他居然回答：「今天是最後一天玩電腦了，然後我就要把電腦封起來！考完再玩了。」

言下之意是他準備用功讀書了！果然，這小子說到做到，那天之後就眞的收山不再玩電動，一直到大考結束！

39 孩子的戀愛學分該怎麼拿捏？

父母常常很難拿捏，什麼該問？什麼不該問？什麼可以問？什麼不可以問？我覺得有一個很簡單的檢驗方法，就是在開口前，先問問自己：「問孩子這個要幹什麼？」

不久前，對著已經念大學的兒子，我心血來潮，開口逗他：「兒子！你愛媽媽嗎？」他被這突如其來的問題嚇到，尷尬地直說：「很討厭耶！問這什麼問題嘛！你明知道還要問！」

我當然知道答案啊！但豈會輕易放過他，我說：「不好意思，男生女生就是不一樣，女生就是要聽，所以你就是要說出來！」玩笑歸玩笑，其實我也是要趁機會教育兒子，兩性相處的學問。

國中時，兒子就有所謂「女性的好朋友」，我也大方地讓他們用男女朋友的名義往來。因爲我覺得國外的孩子，大部分十幾歲就開始交往男女朋友，父母也都大方對待！

但是我都會講明，交往可以，但兩個人的功課都要進步。

成長路上，相約求進步

一塊讀書，有些家長會擔心年輕人浪費時間玩鬧，反而不能專心念書。但我通常會讓兒子約同學到家裡，可以從旁稍微觀察，但不會過度干涉。而且，即使偶爾房間傳來嬉鬧聊天的聲音，我也覺得無妨。因爲我都會先講，大家一塊念書，目標就是每個人的成績都要進步。只要達到目標，其他又何必干預太多呢？

不止這樣，**高中之前，我還會確認複習的進度，比照平常兒子複習功課時的作法，要求他們在評量或複習卷、課本等右上或左上角落，清楚記下日期**，我就能夠掌握孩子們的狀況。今天複習了多少頁？看了多少？寫了多少？統統一清二楚。如果發現窩在房間一整天的時間，進度只有一丁點，就會追問原因，沒辦法說服我的話，就等著被修理。修理的意思當然不是打人，而是意味著，下次我就不會輕易答應兒子找同學一塊到家裡做功課，或是我會要求改在客廳念書，等於失去被信任的自由。

不管是男同學還是女同學，我的台詞都是一視同仁：「來家裡跟許捷一塊念書，我很歡迎！但是既然要一起念，目標就是要努力求進步，而且每次來都要訂進度，讀快、讀慢因人而異，但是有目標、有進度，才不會浪費時間，否則我沒辦法跟你們的父母交代。」只要遊戲規則講清楚，孩子們即使會玩鬧，還是懂得克制。

把價值觀偷偷塞進孩子的腦袋！

感情方面，兒子越大越低調，現在很多進展都不再跟我分享了，因爲他擔心我到處宣傳他的「情史」。其實「兒子啊！老媽眞的是冤枉的，根本不是我愛八卦，而是身邊那些從小看著你長大的阿姨叔伯們喜歡逗你。」每次只要看到許捷旁邊有女生，好事的長輩就會虧他：「哎喲！新女朋友喔？」不然就是拉著他打聽：「換幾個了？」有時候眞的只是常往來的女同學，搞得人家很尷尬，所以後來兒子就乾脆封鎖消息，盡量少開口提這些事。

我也越來越看得開，本來孩子長大就有自己的交友圈，男女交往，每一段感情都是成長的過程，終究要學著自己面對的。

頂多有時候聽兒子對著螢光幕裡面的藝人明星品頭論足，我就會故意插話：「你這麼挑！以後要用什麼標準選老婆啊？我跟你講，挑女朋友不能只看外表，要看個性，能不能溝通？兩個人聊得來才是最重要的。」

不管他聽進去幾句，這種價值觀的傳遞就是要在日常生活中，三不五時偷偷塞進孩子的腦袋！不要以爲沒用，有時候他聽著不吭氣，但不代表他沒在聽，經常很多事情和觀念，聽多了，就變成他的了！

好奇又怎樣?!

曾經，我也會顧慮、好奇兒子談感情的進度，但後來想通，好奇又怎樣？乾脆保持平常心，他反而偶爾會自己跟我報告進度。

像是兒子有次帶女同學回來，進出時看我沒吭聲，等同學離開後，自己忍不住過來說：「你很好奇她是誰嗎？」我說：「不會啊！」這下換成是他自己Hold不住地繼續說：「她是我之前的女朋友！」我說：「喔！是那個某某嗎？」他說：「不是！那是第二任，這是第三任……」

當下我心想：「天啊！你到底有多少任女朋友啊？」但我還是淡淡地回應：「哦！」

父母常常很難拿捏，什麼該問？什麼不該問？什麼可以問？什麼不可以問？我覺得有一個很簡單的檢驗方法，就是在**開口前，先問問自己：「問孩子這個要幹什麼？」**是因爲他行爲偏差需要提醒嗎？還是其他狀況？如果都不是，只是單純的好奇，那麼建議爸爸媽媽保持靜觀、不過問。

別忘了，我們也曾經年輕過，有幾個人當年交男女朋友時，會乖乖聽父母的話？

既然如此，爲什麼我們會奢望孩子，交朋友時聽咱們的意見呢？過度干涉只會把親子關係弄糟，等到眞正有問題發生時，孩子也不會開口求助，不敢也不想，父母反而沒辦法幫孩子解決問題。

40 賠了大錢換來的理財課

發生在我人生裡面的種種，兒子都看在眼裡，我會選擇他能理解的部分和他分享，那些正面、負面的遭遇，等於是一門活生生的教材。讓他可以思考自己將來要怎麼做，才是對自己最好，對身邊的人也好。

離婚後，雖然我因爲持續有接案子，收入還算不錯，但單親的關係，考量的層面比較多，也慢慢希望兒子能養成未雨綢繆的態度。於是有一次我問兒子：「你會不會覺得媽媽賺錢很辛苦？」

結果他回答：「不會啊！我看你每天都很輕鬆耶！」

我不怕吃苦，我只怕你不養我！

因爲我從事報關的工作，幾乎都在晚上進行，得等白天工廠趕完貨，有了出貨資料，才能開始幹活！常忙到凌晨，所以上午都在補眠，兒子經常上學出門前才把聯絡簿給我，我在床上簽完名後又繼續倒頭睡覺。

兒子大概看我每天睡到中午才起床，有時候還會去洗頭或是逛逛市場買菜、串門子，所以認爲媽媽工作賺錢很輕鬆。

因爲沒有看到媽媽辛苦熬夜工作的模樣，所以在兒子心目中，媽媽賺錢很容易！爲了解開兒子的誤解，避免他產生不勞而獲的錯誤認知。等到學校一放寒假，剛好客戶都忙著趕出貨，我就「邀請」兒子找一天幫忙媽媽工作：「因爲資料太多，我需要小幫手協助！」

我把資料印出來，教兒子如何核對數字，讓他知道媽媽都是徹夜趕工，爲了賺一份文件兩千元，需要花的時間和心力。

從那次之後，雖然我沒有刻意再問兒子：「你覺得媽媽賺錢辛不辛苦？」但我可以明顯感覺，他已經從擔任媽媽小幫手的過程中，體會到錢難賺了！

直到兒子小六時，財務出了狀況，我擔心影響孩子的生活，曾經試探性地詢問兒子：「許小捷，媽媽的收入如果出問題，我們沒辦法繼續吃香喝辣的話，你要不要考慮搬去跟爸爸住，比較有保障。」

他回答：「我不怕吃苦，我只怕你不養我！」這話窩心到讓我好心酸，也很心疼他這麼想！當場就跟他承諾：「好！那你跟著我吃苦囉！」

為了「心安」兩個字，付出好大的代價

雖然我學商，對數字敏感，但也因爲海派熱情，太容易相信人，朋友找我借錢通常都是有求必應，等到自己有需要時，卻經常等不到對方還錢，催了幾次沒反應後，心腸軟的我也只是擱著不管，弄得借條一堆，自己卻苦哈哈沒錢過日子。

要不然就是把賺來的錢所託非人，交給朋友幫忙理財，結果錢沒了、朋友也做不成。說來我的錢幾乎都不是投資失利賠掉，相反的我投資還滿準的，但是賺到的錢卻因爲借給別人或是交給朋友管理而一去不回。過去自己賺多少錢都沒有細算，直到被倒了錢，算一算，天啊！有幾千萬這麼多，當我體會到自己居然賺過這麼多錢的同時，我也覺悟到這些錢都不見了！

講起來，這些都算是理財方面的不良示範，連兒子都看不下去，但我會跟兒子聊，阿嬤教給我的是敦厚、正面的人生觀，而且深深烙印在我的腦海。所以寧可自己吃虧，也不占人便宜，可能別人認爲我很傻，但這樣我覺得心安。對數字精明，但對人卻很不會精打細算，這是我的個性。

心疼我這些年扛著經濟重擔，兒子就曾經不只一次跟我說：「你爲了『心安』兩個字，付出好大的代價，要是我的話，絕對沒辦法做到這樣！」

所以我常覺得，理財方面雖然我沒有特別教兒子什麼，也不曾送兒子參加什麼理

財營，這幾年好像滿流行的。但發生在我人生裡面的種種，他都看在眼裡，我會選擇他能理解的部分跟他分享，**父母正面、負面的遭遇，等於是一門活生生的教材。讓兒子可以思考自己將來要怎麼做，才是對自己最好，對身邊的人也好。**

後記

畢不了業的媽媽

回想當年婚變後，我曾一度考慮要到中國工作，因爲很多關心我的朋友希望我能趕快走出陰霾。於是之前合作愉快的客戶老闆，主動提供一份薪水優渥的工作，地點在上海。身邊親友也紛紛建議我放棄爭取孩子的監護權，一個人到對岸重新出發。

能夠拋下婚變的種種不愉快，這個理由讓我心動，但我並不打算因此放棄孩子的監護權，於是某個晚上趁著睡覺前，開口跟小一的兒子商量：「你先跟奶媽住，媽媽過去上海半年，等工作穩定了之後，也幫你找到適合的新學校、新奶媽之後，再把你接過去一起住，好不好？」

聽完我的提議，兒子轉身背對著我，我知道他在掉眼淚。停了一會兒，他語帶哽咽地說：「好！」我心想，把孩子一個人留給奶媽，他難免會害怕，又進一步提議：「還是你要先跟爸爸住？半年後媽媽再接你過去！」

兒子還是沒有轉身，越哭越傷心的他用很濃的鼻音回答：「好。」但隨後又補一句：「萬一爸爸喝醉酒，忘了幫我弄飯，我會不會餓死？」

一直到今天，我還記得很清楚，那幕情景像一把刀劃過心頭，現在想起來還是覺得隱隱作痛。其實兒子的爸只有那麼一次，大概是心情不好喝醉酒，被朋友送回來，但卻在孩子心裡留下這麼深的印象和恐懼不安。

兒子這番話，讓我改變主意，放棄到上海工作的機會，留下來陪伴他成長。

把自己當寄宿家庭的媽媽

之後的故事，我在這本書裡面分享了很多。身爲一個母親，在養育孩子的過程中，總是往前看、總是走在前面，想著能力所及之間，自己還能夠爲孩子做些什麼？加上現實生活的壓力，個性大而化之的我，眞的少有沉湎過往的心情和機會。

這一次，因著兒子意外得到榜首的虛名，因著圓神出版社盛情的邀約，我回憶起跟兒子相伴十八年來的點點滴滴，生活中無數的大小事件，讓我感恩、讓我反思，也讓我非常珍惜。

這幾年，兒子最常對我說的話就是：「媽～我回來了！」「媽～我出門了！」

做父母的心情總是這樣，鼓勵孩子勇敢探索，追求更寬更廣的世界，等到他一旦眞的走出去，越走越遠時，內心難免會有失落。畢竟小時候，孩子是多麼需要、多麼依賴我們啊！但我很少跟兒子提及這些，因爲自己也是單親家庭長大的孩子，當年母親就是每天等門，我變成她生活的支柱，雖然很愛她，但母親過度地依賴我，反而讓我有很大的壓力。所以現在，我常提醒自己，不能做個「黏巴達」的媽媽，變成兒子的負擔。兒子已經長大，他是獨立的個體，他有他的人生。而我？也有自己的人生要過。

只不過，偶爾兒子走得有點遠了，我會「撒嬌」提醒他回頭一下。貼心的兒子酷歸酷，還是常會出乎意料地現身在辦公室，陪媽媽散步回家，天南地北的閒聊，對我來說，這就是平凡又簡單的幸福和滿足！

有幾次，兒子看我經營管理補習班很辛苦，隨口建議：「乾脆關掉啦！你回到老本行做貿易，應該會比較輕鬆吧！」說實話，兒子已經長大，原本一開始為了給他最好的學習環境，才決定自己辦補習班，這個理由確實早已經不存在了。但我跟他說：「不行啊！這麼多家長把小孩託付給我，如果我屁股拍拍，把補習班關了，這些相信我的家長、小朋友怎麼辦？」

我想，「媽媽」這個差事，我是永遠畢不了業的！

附錄

榜首的念書心法

許捷

首先，我要強調一點，念書的方法眞的沒有絕對，可以參考其他人的做法，但最終還是要找到適合自己的。我不知道其他同學是怎麼念書的，但對我來說，念書的竅門其實是經過不斷的摸索嘗試，有效果的方法就持之以恆，堅持下去，效果不好的，就改變招數，直到有效爲止。

以下提供的幾點，不見得能幫上大忙，但確實是我的小小心得，跟大家分享。

一、讀書絕不挑食

大考每一科都是重點，絕不可以因爲討厭那一科就放棄不念，或是因爲喜歡就主攻某一科。無論如何，各科都要持續複習、勤做題目增加答題的手感，考試時才不會慌張。通常我會把喜歡的科目跟不喜歡的科目穿插複習，這樣可以降低疲倦度，讀起來比較不累！

二、掌握各科的複習重點

總複習之前，我會先評估狀況，想清楚自己弱勢和優勢的科目，同時考量心目中屬意科系的分數採計不同，然後訂定策略，包括念書的方法和時間分配。

．國文：勤閱讀，掌握語感

老實說，國文是我最弱的一科，但是每個科系都看重國文分數，所以無論如何都不能放手，雖然覺得念起來有點無聊，但每天還是一定會分配時間在國文方面。

最重要的語感，我靠的是每天練習閱讀，坊間有很多附測驗題目的選文集，我會買回來每天寫個幾回，古文和白話文都要讀。至於語文基礎的部分因爲比較枯燥生硬，寧可每天翻一點、念一點就好，不建議一次讀太多，才不會消化不良。

．英文：題目多寫、單字多背

由於從小念全美語幼稚園，一般學生背得滾瓜爛熟的文法、句型，我反而不是那麼在行，但我卻可以清楚知道哪個答案是對的。即使如此，還是不能大意，維持戰力的方法就是猛寫題目，靠多練習減少錯誤的機率。除此之外，單字也要盡量多背、多看，而且我認爲單字如果從文章中背的話，比較容易熟記，所以有空也會多看文章。不僅如此，看文章、考題時，若碰到不懂的單字，一定隨手抄寫在題本上，方便連同錯誤的題目一起複習。

・數學：訓練思考和延續數學手感

學習數學的過程中，很容易碰到瓶頸，如果沒辦法克服它，最後就是採取消極的放棄。根據我的觀察，幾乎二分之一的同學從國中開始，慢慢因爲跟不上，考試都用猜的，形同「棄賽」。所以，如果努力克服瓶頸，數學方面等於就已經領先近一半的人了。另一方面，數學只要理解之後，懂得活用掌握公式，多練習，就可以得到不錯的分數，比起其他需要花時間記憶和背誦的科目，投資報酬率高很多，數學填充或問答一題六至八分，如果考得好，確實能夠占到優勢。

因此數學是我認爲最最最不可以中斷的。從小到大，我唯一始終跟著進度走的科目就是數學。衝刺方式是勤做練習題，每天算、每天算，可以訓練腦子思考以及延續數學手感。

·歷史：務必了解每一件事情的前因後果以及脈絡

說起來歷史這科的準備，我算運氣很好。因爲從小喜歡看一些歷史節目及紀錄片的緣故，額外獲得許多知識和觀點，這些對於題目的理解和判斷幫助很大。對我來說，歷史雖然還是需要花時間記憶，但不用死記年代，可是務必要了解每一件事情的前因後果以及脈絡，這麼做不止幫助記憶，而且對一些敘述型的題目很有幫助。建議第一次很認眞讀，第二次開始就當故事書翻，無聊時、上廁所時都可以看，一有疑問就馬上回去翻講義找出答案。

另外，歷史的參考書版本很多，複習時，我習慣將各個版本的參考書翻到同一個章節，互相對照，思考其中的異同。有了心得後，再抄到筆記本上面，同時搭配整理年代表。

筆記的整理也是自創縮寫和速記，可以節省時間，同時加強記憶。像是用「施琅攻打TW，與劉PK於澎湖，明敗GG」取代原本落落長的解釋「施琅率二萬多兵士和六百多艘戰船，從銅山出兵進攻澎湖，不幸敗北。」是不是就簡明許多？

・地理：活用理論驗證思考

我常說地理是文組的第二理科。地理要好就要會活用那些理論，跟歷史不太一樣。就算把通識地理背得熟透，可是不會運用也是白搭。因此第一、二冊的通識地理格外重要，如果沒讀得通透徹底，地理肯定拿不了高分，因爲這幾年大考中心的題目都挺活的。課本之外，建議額外買幾本題目，用來練習思考及驗證思考是否正確。

・公民：穩住基本盤

倒數衝刺的時間不多，因爲當時我已經放棄念法律系的念頭，所以說實話，公民念得不多，只寫了一本參考書和歷屆試題，穩住基本面而已。至於讓人頭痛的公民時事題，我的準備方法就是利用吃飯的短短三十分鐘，看晚間新聞或《文茜世界週報》等新聞節目。

三、一直問自己為什麼？

最後，我覺得最重要的是，複習的過程中，一直問自己爲什麼，不要太依賴別人講解，講義、題目的內容也不能完全採信，必須自己多多思考，才能融會貫通！不止對大考有幫助，更可以加深印象！

四、學習分配作答和檢查的時間

眞正上考場時，難免還是會緊張。所以平常就要學習分配作答時間和檢查時間，尤其是考試時容易覺得時間過得特別快，所以我在練習時，會刻意把時間縮短，訓練自己的思考再快一點。

包括看題目的閱讀速度，也是可以訓練的，多看多讀就能夠培養自己解讀文字的能力，速度加快之後，自然能夠爭取到更多的作答時間。看題目時，千萬不能跳字讀，漏掉幾個關鍵字就慘了！所以我有一個小習慣，看題目時習慣把關鍵字圈起來提醒自己。

答題的習慣也要從平日練習，爲了避免被艱難的題目困住，浪費時間而且製造緊張，我的做法是把不會的圈起來，然後先跳過去。寫完而且驗算完有把握的部分後，再回頭花時間想其他不會的題目，很多時候，心情從容一點時，棘手的題目也能迎刃而解。

五、適度給自己充電時間

大考前半年，我完全收心不敢貪玩。按照自己的讀書規畫表，每天複習到晚上十一點，就連假日至少也要念八小時以上。爲了讓自己專心，大部分的時間我都窩在學校圖書館K書。

累了怎麼辦？通常我會把早中晚切割成三個時段來運用，然後一週拿一個時段放鬆休息，看看電視或找朋友打球。吃飯時間也算是休息，可以適時放鬆一下，利用短短三十分鐘看看電視新聞、跟朋友或家人聊天，但是建議最多不要超過一個鐘頭。這點必須有所自覺，否則很容易找到藉口鬆懈。

國家圖書館出版品預行編目資料

這樣教出史上最會玩的榜首：平凡家庭的不平凡教養秘訣／高馨汝，許捷 作. -- 初版.
-- 臺北市：圓神，2012.06
224面；14.8×20.8公分. --（圓神文叢；118）

ISBN 978-986-133-411-0（平裝）

1. 親職教育 2. 子女教育

528.2　　101006985

The Eurasian Publishing Group
圓神出版事業機構
用心與你對話・視野無限寬廣
圓神出版社
Eurasian Press

http://www.booklife.com.tw　　inquiries@mail.eurasian.com.tw

圓神文叢 118

這樣教出史上最會玩的榜首：平凡家庭的不平凡教養秘訣

作　　者／高馨汝、許捷
文字協力／陳彩蘋
發 行 人／簡志忠
出 版 者／圓神出版社有限公司
地　　址／台北市南京東路四段50號6樓之1
電　　話／（02）2579-6600・2579-8800・2570-3939
傳　　真／（02）2579-0338・2577-3220・2570-3636
郵撥帳號／18598712　圓神出版社有限公司
總 編 輯／陳秋月
資深主編／沈蕙婷
專案企畫／吳靜怡
責任編輯／林欣儀
美術編輯／陳素蓁
行銷企畫／吳幸芳・簡琳
印務統籌／林永潔
監　　印／高榮祥
校　　對／沈蕙婷・林欣儀
排　　版／杜易蓉
經 銷 商／叩應股份有限公司
法律顧問／圓神出版事業機構法律顧問　蕭雄淋律師
印　　刷／祥峯印刷廠
2012年06月　初版

定價 250 元　　ISBN 978-986-133-411-0